【中国人格读库】

国家新闻出版广电总局

培育和践行社会主义核心价值观主题出版重点出版物

谭嗣同传

高占祥 主编

梁立民 著

北京时代华文书局

图书在版编目（CIP）数据

谭嗣同传 / 梁立民著 . -- 北京 : 北京时代华文书局，2015.8（2022.3 重印）
（中国人格读库 / 高占祥主编）
ISBN 978-7-5699-0491-8

Ⅰ . ①谭… Ⅱ . ①梁… Ⅲ . ①谭嗣同（1865 ～ 1898）－传记 Ⅳ . ① B254.5

中国版本图书馆 CIP 数据核字（2015）第 203139 号

谭嗣同传
TAN SITONG ZHUAN

主　　编 | 高占祥
著　　者 | 梁立民

出 版 人 | 陈　涛
责任编辑 | 邢　楠
装帧设计 | 程　慧　赵芝英
责任印制 | 訾　敬

出版发行 | 北京时代华文书局 http://www.bjsdsj.com.cn
　　　　　北京市东城区安定门外大街 138 号皇城国际大厦 A 座 8 楼
　　　　　邮编：100011　电话：010 - 64267955　64267677
印　　刷 | 三河市嵩川印刷有限公司　0316 - 3650395
　　　　　（如发现印装质量问题，请与印刷厂联系调换）
开　　本 | 787mm×1092mm　1/16　　印　张 | 10.25　　字　数 | 97 千字
版　　次 | 2016 年 1 月第 1 版　　　　印　次 | 2022 年 3 月第 3 次印刷
书　　号 | ISBN 978-7-5699-0491-8
定　　价 | 38.00 元

社会主义核心价值观与中国人格

周殿富

社会主义制度在中国已经建立了六十余年，而我们党则在本世纪初叶提出了培育弘扬社会主义核心价值观的重大课题，显然是其来有自。

社会主义的道德风尚在新中国蔚然兴起，曾经那样地风靡于二十世纪中叶。邓小平同志曾经在改革开放中讲过，当年"这种风气不仅是中国历史上从来没有过的，而且受到了世界人民的赞誉"。然而可惜的是，这个在社会主义制度建立与实践中，同步兴起的社会主义道德风尚的成长道路，却是一波四折。半个多世纪以来，它先是与共和国一道遭受了十年"文革"的浩劫；接着便是全党工作重心转移到改革开放进程中，欧风美雨"里出外进"的浸洗濡染；再接着是西方"和平演变"在东欧得手的强烈震荡与冲击；最后又是市场经济中那两只"看不见的手"在搅动着、嬗变着人们的价值取向。至少在国民中出现了价值观上的多层次化，传统美德的弱化，社会道德文明水准的退化，光荣革命传统的淡化，这也许正是中央在本世纪初提出社会主义核心价值观的原因吧。

不管怎么"变"，怎么"化"，当我们回首来时路，却不能不说，中华民族真的很强大，很值得骄傲。人类经历了几千年的文明进程，堪称世界文化之源的"五大文明古国"，其他四大古国文明都已被历史淘汰灭亡，只有中国成了唯一的延续存在。近现代即使那般的积贫积弱，被西方列强豆剖瓜分、弱肉强食，想亡我中华都不可能，就连最强大的美帝国主义，最凶残的日本军国主义都成为我们的手下败将，而且打出了一个新中国，且跨过整整一个历史阶段，直接进入了社会主义。西方敌对势力几十年不遗余力地对新中国百般围剿，"冷战""热战""和平演变"手段用尽，连如此强大的前苏联乃至整个苏东阵营都被瓦解了，而社会主义的旗帜仍旧在960万平方公里的土地上高高飘扬，而且昂首挺胸地屹立在世界的东方，中国真的是太强大了。几十年来的瞩目成就，竟然令西方发出了"中国威胁论"。你管他别有用心也好，言过其实也好，总比让别人说我们是"瓷器"，是"东亚病夫"好吧？1840～1949年的一百零九年间，中国尽受别人的欺负、"威胁"了，我们也能让那些昔日列强有点"威胁感"，又有什么不好？更何况这是他们自己说的啊！我们并没吹嘘，也没有去做。几千年来我们侵略过谁呢？"反战""非攻""兼相爱，交相利"，中国古有墨子，近有周恩来、邓小平同志。这也是中华民族固有传统美德的延续吧！

生于忧患，死于安乐，这也当是中华民族的一个传统美德吧？几十年来尽管中国如此繁荣兴旺，但从邓小平生前一直到党的"十八大"以来，无论哪一届中央领导集体，从来都没有忘记过国之忧患。忧在何处，患在何处呢？

二十世纪八十年代末，邓小平同志曾经在半年的时间内四次提到：中国改革开放十年最大的失误在教育，在"对青年的政治思想教育抓得不够""对人民的教育不够"，足见他的痛心疾首。他晚年时又提到了"国格"与"人格"的问题，讲道："谈到人格，但不要忘记还有一个国格。特别是像我们这样第三世界的发展中国家，没有民族自尊心，不珍惜自己民族的独立，国家是立不起来的。"

（精装版《邓小平文选》第3卷331页。）

人们很少注意到邓小平的这一段话，但邓小平恰恰是在这里把"国格""人格"提升到了事关"立国"的高度。

那么，什么是我们社会主义的"国格"呢？邓小平讲得很明白："民族自尊心""民族的独立"。

新中国一路走来，我们最大的尊严便是完全靠"自力"，靠"艰苦奋斗"，而达"更生"之境。对西方敌对势力的"冷战""热战""和平演变"，我们何曾有过屈服？也正是在这一前提下，我们才有真正的"民族独立"。这就是我们的国格。那么什么是我们中国人的人格呢？邓小平同志在这里没有讲，但他在1978年4月22日召开的全国教育工作会议上的讲话中，在讲到我们的教育培养目标时，至少提到与社会主义人格相关的各个方面：革命的理想，共产主义的品德，勤奋学习，严守纪律，艰苦奋斗，努力上进，爱祖国，爱人民，爱劳动，爱科学，爱护公共财产，助人为乐，英勇对敌，集体主义精神，专心致志地为人民工作，等等。这里的哪一条不属于社会主义人格的范畴呢？

2006年党的十六届三中全会，第一次提出了"建设社会主义核心价值体系"的历史性命题和战略任务。2007

年，胡锦涛同志在"6·25"讲话中又具体提出这个"体系"包括四个方面的内容：①马克思主义的指导思想；②中国特色社会主义共同理想；③以爱国主义为核心的民族精神和以改革创新为核心的时代精神；④社会主义荣辱观。这四个方面，一是信仰，二是理想，三是精神，四是道德文明，哪一个不在社会主义人格的范畴之内呢？党的十七届六中全会又提到了社会主义核心价值体系是"兴国之魂"。

2012年11月，在党的"十八大"上又用"三个倡导"把社会主义核心价值观概括为十二项：①倡导富强、民主、文明、和谐；②倡导自由、平等、公正、法制；③倡导爱国、敬业、诚信、友善。而且中办文件又把这"三个倡导"分为三个层面：第一个"倡导"的四项，是国家层面的价值目标；第二个"倡导"的四项，是社会层面的价值取向；第三个"倡导"的四项，是公民个人层面的价值准则。实际上前两个"倡导"的八项都是属于"国格"范畴，而第三个"倡导"是属于"人格"范畴。

那么，我们怎样才能在前面讲到的那些历史嬗变中培育建构起这个"核心价值观"呢？中共中央政治局的第十三次集体学习，似乎很明确地回答了这个问题。

新华社北京2014年2月25日电讯称：中央政治局在2月24日，以弘扬社会主义核心价值观，弘扬中华传统美德为内容，进行了集体学习，习近平总书记在主持学习时强调：

培育和弘扬社会主义核心价值观必须立足中华优秀传统文化。牢固的核心价值观，都有其固有的根本。抛弃传统、丢掉根本，就等于割断了自己的精神命脉。博大精深的中国优秀传统文化是我们在世界文化激荡中落稳脚跟的根基。中华文化源远流长，积淀着中华民族最深层的精神追求，代表着中华民族独特的精神标识，为中华民族生生不息、发展壮大提供了丰厚滋养。中华传统美德是中华文化精髓，蕴含着丰富的思想道德资源。不忘本来才能开辟未来，善于继承才能更好创新。对历史文化特别是先人传承下来的价值理念和道德规范，要坚持古为今用、推陈出新，有鉴别地加以对待，有扬弃地予以继承，努力用中华民族创造的一切精神财富来以文化人，以文育人。

习近平总书记的这段论述相当精辟，对于如何培育建构社会主义核心价值观问题从四个方面剀切明白。

第一，他明确指出要在中华优秀传统文化的基础上，来构造我们的社会主义核心价值观，而不能割断历史。这一条十分重要，否则我们便会失去我们的本来面目，便会成为无源之水，也就无法走向未来。

第二，指出了中华传统美德是中华文化精髓，蕴含着丰富的思想道德资源。这就为我们揭示了社会主义核心价值观，要以弘扬优秀的中华传统美德为基础。

第三，他指出，对传统文化在扬弃中继承，在继承中创新。这就是说，社会主义核心价值观的内涵，既要有优良传统的文化精神，也要有时代精神，是二者的有机结合。

第四，他指出要用中华民族创造的一切精神财富，来化人育人。这就是说，弘扬中华民族文化，并不只是传承儒学那些道统，而是要弘扬全民族共创的优秀传统文化。同时也就是说，培育、弘扬社会主义核心价值观的根本目的是化民、育人。

尤其值得瞩目的是，习近平总书记在这次讲话中提到了一个"中华民族独特的精神标识"问题，而在同年的全国组织部长会议上又提出我们再也不能以GDP论英雄的思想。让人欣慰的是，思想道德文化建设终于被提升到一个民族的标识地位，这至少表明中国人的思想观念，并不落伍于世界潮流。

并不受人欢迎的亨廷顿生前给他的祖国提出的警示忠告，竟是如何弘扬他们没有多少历史和文化的"传统文化"："盎格鲁新教精神——美国梦"，以此为国家的"文化核心"问题。他讲道："在一个世界各国人民都以文化来界定自己的时代，一个没有文化核心而仅仅以政治信条来界定自己的社会，哪有立足之地？"所以，他提醒他无限忠于的祖国，一定要巩固发扬他们自入居北美以来，在新教精神基础上形成的"美国梦"理念的"文化核心"地位，这样才能消解这个国家的民族与文化双重多元化的危机。为此，他甚至预言美国弄不好会在本世纪中叶发生分裂。而且他公开预言不列颠大英帝国也会因民族与文化多元化的问题，导致在本世纪上半期发生分裂。

西方的一些专家学者们也十分强调国家民族文化的地位问题，柏克说："全世界的人根据文化上的界限来区分自己。"丹尼尔同样说："保守地说，真理的中心在于，对一个社会的成功起决定作用的是文化，而不是政治。开明地说，真理的中心在于，政治可以改变文化，使文化免于沉沦。"这些语言也可能有它们的局限性与某种非唯物性，但至少可以让我们看到那些发达的资本主义国家在想什么，至少与马克思主义经典作家们，关于意识形态并不总是消极被动地接受它的经济基础的论断并不相悖。

中国显然具有世界上最悠久的民族文化，同时显然也拥有世界上最强大的政治优势。新中国包括它直接进入社会主义的经济形态，以及其后的一次次经济变革，哪一次不是靠政治力量在强力推动呢？它当然同样拥有让我们几千年的民族文化"免于沉沦"的能力。有学人认为我们的民族文化早就被以往一次次的历史性灾难割裂了，这个看法显然都是毫无道理的。但我们当下却确实面临着"两个传统"失传失统的危险。中国的传统文化与优秀的民族美德，在当代国民中还有多少传承？老一代中国共产党人用生命与鲜血铸就的光荣革命传统，在党内还有多少"光大"？我们现在全民族的"核心文化"到底在何处？"社会主义核心价值观"的提出不仅符合世界潮流，也是使我们优秀的民族文化得以传承而不发生历史断裂的根本保证。富和强永远都不是一个民族的标志，哪个国家不可以富，不可以强？但能代表中国"这一个"本来面目，具有自己民族特色的，唯有中华民族的文化，能代表中国人形象的只有中国独具的道德人格。什么是人格？人格就是原始戏剧中不同角色的本来面目。

综上所述，我们是不是可以这样认为，社会主义核心价值观应内含如下的成分：中华民族传统文化中的优秀传统美德；中国人民近现代反帝反侵略反封建的爱国主义、斗争精神与中国共产党领导下形成的几十年光荣革命传统；中国化了的马克思主义有中国特色社会主义的共同理想；与"中国梦"远大目标相适应的时代精神。由这些内涵构成的社会主义核心价值观，用它来干什么呢？用习近平总书记的话来说就是"化人""育人"，把它再具体化一下，无非是打造能体现中华民族特色，代表中国形象的国格、人格。在思想道德层面上，一个国家的民族精神也只有在人的身上才能体现，所以我们依据社会主义核心价值观的基本要求，针对当代青少年的实际情况，策划了《中国人格读库》这样一套大型系列选题。

本套书承蒙全国少工委、中华文化促进会、团中央中国青年网三家共同主办推广，并积极提供书稿。难得高占祥老前辈热情出任该套书的编委主任，且高占祥同志不辞屈就加盟主创作者队伍。一些大学、中学教师与青年作者也积极加盟此套书的编写。该选题被国家新闻广电出版总局列为2014年全国社会主义核心价值观重点选题，在此一并鸣谢。

希望本套书的出版能为社会主义核心价值观的培育与弘扬，为促进青少年的道德人格养成起到积极的作用。欢迎广大读者与作家对不足之处批评教正，多提宝贵建议与指导意见。

谨以此代出版前言并序。

二〇一四年十月

于北京时代华文书局

引言

晚清思想界的彗星。

——梁启超

望门投止思张俭，忍死须臾待杜根。

我自横刀向天笑，去留肝胆两昆仑。

——《狱中题壁》

谭嗣同（1865—1898），字复生，号壮飞，湖南省浏阳县人，"戊戌六君子"之一。在国家危难之时，他不避生死，积极投身于改革变法之中；在变法失败之际，他不畏死难，慷慨就义，胸怀兴国济世之心，愿为变法流血的第一人。他用自己的死闪耀了百日维新的光彩，点亮了反帝爱国的光炬。梁启超评价他为"晚清思想界的彗星"。

谭嗣同本可以免于死难的。早在政变之前，其父谭继洵便

谭嗣同

晓以利弊，劝其退避，谭嗣同不为所动，一心只为变法救国。慈禧发动政变之前，风声已经传出，康有为登上了英国人的邮船，梁启超暂避到日本大使馆。梁启超苦劝他躲进日本大使馆，保全性命，日后护送他到日本，以谋他日再商议救国良策。谭嗣同对梁启超说："**各国变法，无不从流血而成。而我中国未闻有因变法而流血者，此国所以不昌也。有之请自嗣同始！**"谭嗣同为变法矢志不渝，激励梁启超等人继续为救国而全力以赴。

在国家危难之时，谭嗣同在生死之间，毫不犹豫地选择了以死来点亮人生的光辉。百日维新变法虽然短暂，所取得的成果也是十分有限，但它却是救亡图存历史中反帝爱国的光辉一页，正是谭嗣同用死换来了爱国救国精神的传承。在谭嗣同身上闪耀着的正是中华民族爱国救国的不屈精神。

谭嗣同能有如此壮举，正是由于他不平凡的一生。谭嗣同认为自己是不幸的，出身官家，备受纲伦之苦，难有己志，处处受到封建桎梏。谭嗣同确实也是多难的，幼年时便失去母亲，在庶母的无故逼迫之下，年少时便常常苦闷。他能静能动，5岁起便苦读经史，学作诗文，广交良师益友、豪侠义士，其中既有学识渊博之人，也有像大刀王五这样的侠客义士，博采众长。由于父亲的多次调职升迁，谭嗣同也随之奔波于各地，在甘肃的大漠中，他开阔了胸襟，磨炼了意志，体会到了民间的疾苦。

谭嗣同20岁时，他开始了十年漫游时光，先后走到13个省，总计行程八万余里，欣赏祖国山河壮丽风光的同时，也加深了对祖国的热爱，更为当时国家岌岌可危的现状而忧愁，兴国济世的愿望也日益强烈。

甲午战争战败深深刺激了谭嗣同，他积愤于心，痛写《治言》一文，提出自己的救国之法。虽然这时谭嗣同思想上还较为保守，抬高中国的文化，贬低西方国家，但也提出"势所必变"，以学习西方先进的军事技术为救国之法。虽然《治言》未必是救国良策，但彰显出他为国家危难而焦急愤懑之情。

几年后，父亲谭继洵为他谋得了一个候补知府的职位，身入官场的谭嗣同，对于腐败无能的清政府及其鱼肉人民的官员，更加深恶痛绝。谭嗣同无心在官场发达恒通，便专心致志地探索救亡图存的办法，用半年时间写成《仁学》一书，决心要冲决一切网罗。相比康有为、梁启超等人，谭嗣同的思想更为激进，他注重民权，认为人民具有废除君主的权利，向封建体系吹响冲锋的号角。

谭嗣同不仅坐而言，还起而行。他兴办资本主义工矿企业，试图通过实业来强国救国；兴不缠足会，倡女权，解放人民的思想，试图冲破封建思想的禁锢；在湖南创办《湘报》，建新学堂，去除旧学，教授新学，推进新风气，为救国培养人才；面对守旧反动派的强压威胁，不移己志，进行坚毅不屈的斗争。

戊戌变法之时，他积极投身于新政之中，不因利弊驱使而放弃，不因生死苦难而动摇。面对变法失败，他不避死难，慷慨就义，燃尽人生最后一丝气息，为爱国救国点亮希望。

谭嗣同的一生犹如彗星，短暂而闪耀，留给后世的不仅是兴国济世的谋略良策，不仅是"戊戌六君子"为变法流血的英雄事迹，更是中华民族代代相传的爱国精神。

目录

第一章　年少多磨难

晚清 1865

1865年3月10日，也就是同治四年的二月十三日，北京宣武城南懒眠（烂面）胡同的谭家诞生了一名新生儿，因为孩子与其父亲同一属相，因此给孩子取名为嗣同。

1865年，这是鸦片战争后的第二十四年，太平天国失败后的第二年。当时封建王朝清政府早就走上了下坡路，政治黑暗腐败，国力日渐衰微，处于内忧外患之中。外有西方列强虎视眈眈的武力掠夺，坚船利炮打开闭关锁国的清朝国门，带来灾难，带走财富。每有纷争，无论战胜战败，懦弱无能的清政府似乎总免不了割地赔款；凡是合约，皆是丧权辱国。内有不断加深的阶级矛盾，封建官僚鱼肉人民，百姓苦不堪言，每每遭遇旱涝灾害，赋税不减，致使饿死者不计其数，走投无路的老百姓只好落草为寇或揭竿而起，各路农民起义接连不断，民不聊生。

封建专制的清政府采取"闭关锁国"的政策，故步自封，逐渐落后于世界大潮，在科技和军事领域尤为落后，军队的装备还以冷兵器为主。但在当时的外贸中，凭借着茶叶、丝绸等商品，中国一直处于贸易顺差地位，赚取着西方的金钱，这让西方列强极为恼火，心中不甘。当时的英国已经是资本主义国家，正在不断地向外扩张殖民地，进行资本的原始积累，对于土地、劳动力和金钱极其渴望，为了扭转对华贸易的逆差，英国开始向中国走私毒品鸦片，获取暴利。

鸦片进入中国之后，形成风潮，很多人染上毒瘾后家破人亡，军队的战斗力锐减，这些鸦片让许多中国人成为"东亚病夫"。在一批能人志士的疾呼之下，清政府终于开始禁烟，这才有了著名的虎门销烟。英国借此机会，以此为借口，发动了战争，虽然将士民众奋力抵抗，但落后单薄的军事力量难以抵抗英国的坚船利炮。战败的清政府签订了割地赔款、丧权辱国的《南京条约》。其后，西方列强看到了清政府的无能和软弱，看到了封建帝制下中国的落后与守旧，纷纷前来挑衅，挑起战争以谋取利益。

封建制度下的小农经济，生产力极为落后，生产模式也极为脆弱，随着国家的衰微，西方列强的入侵，农民起义的接连而起，民众的正常生活生产秩序被打破，每逢天灾，粮食歉收，常常沦为流民难民，在饥寒交迫中艰难过活，生活在水深火热之中。

泱泱大国，成为他国眼中美味，被争相吞食，这是多么悲哀的事情。一批有志之士极其愤懑，积极寻求救亡图存的道路。林则徐率先开眼看世界，很多人也指出了学习西方的方向。清政府为了维护自身的封建统治，镇压各地农民起义，对抗外来侵略者。以李鸿章、曾国藩、左宗棠等人为代表，掀起了"中学为体，西学为用"的洋务运动，试图借助学习西方的先进科技军事技术来增强军队的战斗力，组建能与外国相抗衡的海上舰队，稳定内部，抵御外敌，维护封建王朝的专制统治。

在当时，即便是"中学为体，西学为用"的洋务运动也受到了守旧派的重重阻挠。在他们看来，中国仍是天朝上国，政治制度与道德风范应该是他国学习的对象，所谓的西方科学技术只是妖术，不足为信。他们排斥一切新事物，固守旧有的传统观念不放，既不愿面对中国落后于他国的现实，更不愿向他们瞧不起的西方学习。

谭嗣同正是出生在这样一个混乱的时代，百姓生活贫困，国家岌岌可危，在危亡之时，仁人志士开始觉醒，不断探索强国救国的方法。谭嗣同背负时代的使命，终其一生都在寻找救亡图存的道路。

虽出生在京城，但谭嗣同祖籍是湖南浏阳。其父名是谭继洵，经过十年寒窗苦读，在咸丰九年（1859年），终于迎来了金榜题名，谭继洵在会试中中试，被赐进士。第二年，在殿试

湖南浏阳的谭嗣同故居内景

之后，谭继洵被钦点为主事，补授户部主事钦加道衔，迁居京城，官居四品，后又升迁为户部郎中，谭嗣同正是在这个时期出生的。后来他的父亲不断升迁，官职越来越高，直至一品大员，谭家也成为名门望族。

其实，谭家并非从谭继洵时才发迹的，谭氏祖先以武功著称。早在南宋时期，就有谭启寰抗击元兵，在水战中阵亡，册立军功。这也开了谭氏一族的忠义之风，谭嗣同自己就写过"慷慨奋兴于功名之会者，肩相翼而足相踵"的话，不难看出，谭家历代都不乏豪杰之士。

自幼谭嗣同就听着家族先人的赫赫军功事迹长大，受到"忠义爱国"家风的极大感染，梦想着自己长大之后也能成就一番大事业，继承家族的忠义爱国之风。

不知从什么时候开始，一向以军功著称的谭氏家族出现了新的变化——"弃武习文"，学习正统儒学，而且数代都有功名。不仅如此，谭家还形成了"乐善好施"的家风，谭嗣同的祖父谭学琴就是这样的一个人。

谭学琴每次出门，身边总是围满乞丐，向他讨食，他并不厌恶，都会一一进行施舍。如果族群里有人需要帮助，他也总是倾囊相助。有一次，有一个贫苦百姓，家里缺断了粮食，手里也没有钱去买米，只好天还没亮就上山打柴，一早赶去城里兜售，可是苦苦等了一天，太阳就要下山了，自己的柴也没有卖出去，这意味着他没有钱去买粮食，家里的妻儿都要挨饿，觉得自己多年让妻儿跟着自己吃苦受罪，内心十分难过。他越想心里越难受，竟然到了神志俱失的地步。恰巧谭学琴路过此地，看到此人神情异常，便上前询问。得知情况后，谭学琴不仅用高价把柴买了下来，还鼓励他重新燃起对生活的希望。

生于乱世，谭嗣同在百姓贫苦、国家危难的时代中成长，本身就背负着时代的使命。虽长于官家，谭氏家族的忠义爱国、乐善好施的家风熏陶着他，他不仅具有英勇之气、雄才大略，更有了经国济世的理想志向。

贤母良训

谭嗣同的母亲名叫徐五缘，母亲是谭嗣同幼年时代最亲近的人。在谭嗣同的成长过程中，母亲徐五缘对他的影响很大。

徐五缘嫁给谭继洵的时候，谭继洵还未做官，家里的生活并不富足。为了让丈夫专心于学业，早日取得功名，走上仕途，徐五缘便独自承担起家里的重担。每天清晨鸡鸣的时候，她便早早起床，整理家务，扫地做饭，饲养家禽，整日忙碌，直到深夜还在缝补衣物、纺线织布，十分辛勤，把家里整理得井井有条。辛勤劳作的同时，徐五缘还要照顾家里的孩子，常常是前面抱着一个孩子，后面还背着一个襁褓，默默承担起生活的重担，没有丝毫的怨言。

谭继洵做官后，俸禄越来越多，家里的生活也变得富足起来，徐夫人便跟随丈夫到了京城。在别人看来，徐五缘多年辛苦之后，终于成了衣来伸手饭来张口的官太太，再也不用像以前那样操劳了，但实际上她并未改变自己勤俭质朴的品质，和以前一样操持家务，没有丝毫的懈怠。

不仅如此，作为巡抚夫人，她十分厌恶铺张浪费，每餐准备的大都是蔬菜，很少有鱼肉，就这样简单的菜肴每餐也不超过三四个。自谭嗣同懂事起，就记得母亲整日穿着一件丝麻衣，时间久了，衣服有多处裂开，依稀可以看见里面的棉絮，母亲也不舍得丢掉，一直缝缝补补，直到去世，也不曾丢弃。

因为担心谭嗣同沾染上官僚家庭奢侈闲逸的习性，徐夫人对谭嗣同的要求十分严格，时常跟他讲起过往的贫困生活，让他知道衣食的来之不易，务必戒奢从简，不能有丝毫的铺张浪费。这让谭嗣同在很小的时候就知道，在社会底层的很多百姓生活是十分艰难困苦的，并不像自己这样衣食无忧。

谭嗣同小时候十分调皮，每每犯错，徐夫人从不纵容，亲自管教，以至于谭嗣同认为书上所说的"父严母慈"有误，应该是"父慈母严"才对。

在谭嗣同7岁那年，大哥谭嗣贻要回浏阳完婚，母亲徐五缘也随同前去，考虑到旅途不便，加上谭嗣同读书学习的问题，就决定把谭嗣同留在北京。临行前，徐五缘最放心不下的便是谭嗣同，将他搂在怀里，叮嘱他好好读书，并要求他送别时不准哭泣。谭嗣同当即向母亲保证绝不哭泣。送别当天，谭嗣同走到母亲的车前，想到即将要与母亲分别，不觉中已经泪水盈眶，但他强忍着不让眼泪流出来。

母亲走后，给了庶母可乘之机，庶母处处针对幼小的谭嗣同，经常打骂他，而父亲也因为庶母的谗言诬告对谭嗣同十分的冷淡，这让谭嗣同郁郁而疾，身体日渐消瘦。等到母亲归来，看到瘦弱的谭嗣同，心中自然知道大体是怎么一回事，将他搂在怀里，抚摸着他的头，问他有没有受什么委屈，谭嗣同却紧闭着嘴唇，没有留下一滴眼泪。看到谭嗣同如此倔强，母亲十分高兴，对身边的人说："此子倔强能自立，吾死无虑矣。"母亲严格的教育磨砺了谭嗣同刚强坚毅的性格。

谭嗣同长大后，专门为母亲写了一篇《先妣徐夫人逸事状》。文中记载了这样一个故事，自从进京之后，徐夫人辛勤如常，一切戒奢从简，过着简朴的生活，她更是将纺纱机安置在了自己的房间，每天纺纱织布到深夜还不休息。夜深人静的时候，谭家府院里只有纺纱机的声响回荡。有一天，谭嗣同像往常一样来到学堂，私塾先生对他说："你们家的老佣人太辛劳了，每天纺纱织布到深夜还不休息。"谭嗣同听后哈哈大笑，对私塾老师说："您说的这个老佣人其实是我的母亲。"私塾先生听后惊叹不已，对谭嗣同说："你父亲做了十多年的官，现在已经高居四品了，而你的母亲不愿意坐享清福，辛勤劳作直至深夜，这种勤俭质朴的品格你们要好好学习，以后千万不可嬉游惰学啊。"谭嗣同听后更以母亲为榜样，勤奋学业，刻苦读书，不敢有丝毫的懈怠。

谭嗣同虽然是出身官家的贵公子，却在母亲的言传身教下没有丝毫"公子哥儿"的不良习气，以至于他长大之后，也从未有不良嗜好，洁身自好，而无处不表露出才气纵横。正是母亲徐五缘这样勤俭质朴的作风使谭嗣同自小就受到了良好的熏陶，激励着谭嗣同勤奋读书，正正派派地做人。

纲伦之厄

谭嗣同在《仁学》的自叙中愤然说道："吾自少至壮，偏遭纲伦之厄，涵泳其苦，殆非生人所能任受。"其中的缘由要从1863年，也就是谭嗣同出生的两年前说起。

谭继洵考中进士之后，十分顺利地走上了仕途之路，成为了封建王朝清政府官僚体系中的一分子。原配妻子徐五缘，也就是谭嗣同的母亲，因为长年劳作持家，加上勤俭质朴的本色，在一众官太太中显得尤为寒酸，难以满足谭继洵在官场中炫耀的虚荣心。谭继洵便在1863年纳了一房年轻貌美、能说会道的小妾陆氏，陆氏的到来搅乱了谭家平静的生活。

陆氏利用自己的貌美与巧舌，不断取得谭继洵的欢心，便仰仗谭继洵的宠溺，在谭家中日益恃宠撒娇，张扬跋扈，无论是明里还是暗里，都要和徐夫人争抢一番，对徐夫人的孩子更是百般刁难，不放过任何一个机会。

谭嗣同的母亲徐五缘虽然得不到谭继洵的宠爱，但凭借着多年的苦中相伴，外加勤俭质朴的品质，严谨持家的功劳，又身为正室夫人，在家中的地位比较稳固。谭继洵在宠溺陆氏的同时，也不敢对徐五缘过分地苛求。在母亲的呵护下，谭嗣同还能勉强躲开陆氏的刁难。

在谭嗣同7岁那年，大哥谭嗣贻要回浏阳完婚，母亲徐五缘也随同前去，将谭嗣同留在了家中。与母亲短短的分别，却让谭嗣同在家中失去了保护。陆氏便抓住这个机会，每当谭嗣同犯一点错，或者是有不守规矩的时候，陆氏就对他任意地打骂，不容他有丝毫的辩解。不仅如此，陆氏还在谭继洵面前编造谭嗣同的坏话，说谭嗣同缺乏管教，好几次都让谭继洵对谭嗣同勃然大怒。谭嗣同当时年纪还小，辩驳不过，加上伦理纲常中父亲的威严不可反驳，谭嗣同每当受到打骂时总是一言不发，默默忍受。面对陆氏的虐待，父亲的责骂，谭嗣同终日沉默，越发想念自己的母亲，日渐消瘦，最后竟忧郁成疾。

与母亲短暂的分别便让谭嗣同承受如此的痛苦，更令他想不到的是一场突如其来的灾难。1876年的春天，北京爆发了白喉症瘟疫。谭嗣同的姐姐谭嗣淑不幸染疾，短短几日里病情不断加剧，卧床不起。谭嗣同的母亲徐五缘得知后，急忙前去看望女儿，此次前去并没有盼来女儿的康复，自己却不幸被传染。徐五缘回到通州进行治疗，长子谭嗣贻和谭嗣同却也因为母亲而感染患病，几人相继卧床不起。虽然立即寻医问药，但在当时没有治疗白喉症的特效药，病情迟迟不见好转，反倒日益恶化。没过几日，谭嗣淑病情加剧去世，三天后徐五缘也随之撒手人寰，次日谭嗣贻也离开了人世。谭嗣同在昏迷三天后，奇迹般苏醒过来，谭继洵悲中大喜，便给他取字"复生"。

亲人的离去让谭嗣同无比悲伤，后来他在《湘痕词八篇并叙》中写道："少更多难，五日三丧，惟亲与故，岁以凋谢，营营四方，幽忧自轸。"母亲的突然离世让12岁的谭嗣同在小小的年纪就失去了母爱，在家庭中更失去了母亲的保护，也随之失去了家庭的温暖。

徐夫人去世后，陆氏被谭继洵扶正。失去母亲保护的谭嗣同不会讨庶母的欢心，陆氏更是变本加厉，任意对谭嗣同进行打骂，在生活里处处虐待他，依旧在背后向谭继洵说他的坏话。谭继洵因为宠溺陆氏，进而更加冷落谭嗣同。庶母的虐待和父亲的冷漠，让谭嗣同过着毫无温暖的家庭生活。

家庭生活的痛苦让谭嗣同形成了刚强不屈的性格，更是在年幼时就深受封建伦理纲常的迫害，让他反思封建伦理纲常的合理性，想要打破这不合理的封建伦理纲常。后来随着年纪的增长，他看到听到更多因封建礼教而产生的悲剧，产生了冲破封建网罗的思想，进而不顾一切想要去除封建礼教的罪恶。

大漠磨砺

谭继洵的官运可谓亨通，在仕途中不断升迁，四处去任职。谭嗣同也就一直跟随着父亲四处奔波。早在北京的时候，谭嗣同就经常跟随父亲往来于北京与通州之间。1877年，也就是光绪三年，谭继洵升任甘肃巩秦阶道，谭嗣同随父亲一同从湖南前往甘肃。

当时交通极为不便，前后经水路、陆路，路程极其艰难漫长，中间历时近三个月。到达陕州后，还遭遇了一场灾难。自光绪元年（1875年）后的几年里，陕西、山西、河南一带连年干旱，雨水不足，河道干涸，水井里更是只有沙石，庄稼颗粒无收，这对于靠天吃饭的老百姓来说无疑是一场噩梦，饿死的人不可胜数。雪上加霜的是正在这时，一场瘟疫袭来。谭继洵一行人途经此地，不幸被传染恶疾，幕客仆役接连死去十余人，谭继洵也卧病不起。

众人中多数已经站不起来了，谭继洵的病情更是不断加剧，多亏了一个叫刘云田的幕客，夜晚拿着火把走了十多里的路，踩着尸体买回了救命药，才使得谭继洵保全了性命。

这一路上，谭嗣同目睹了在封建专制统治下老百姓的悲惨生活：连年旱灾，庄稼颗粒无收；腐败无能的封建王朝却只知道征收赋税，不顾老百姓的死活；地方官员一味保全自己，仍旧是夜夜笙歌，面对日益加重的灾情置之不顾，救灾不力，任由老百姓活活饿死。谭嗣同的心中既气又恨。

到达甘肃后，谭嗣同并没有像父亲期待的那样，钻研科举考试的八股时文，而是广泛涉猎各种书籍。他喜好《墨子》，羡慕墨子"任侠"的思想，更从《墨子》中的"兼爱"思想引申出平等的观点。他由《墨子》进而读《庄子》，对于庄周"扶摇而上者九万里"的自由思想无比向往。

西北边塞无边无际的大漠风光给了谭嗣同仗剑走天涯的冲动，他想要打破这死气沉沉的书斋生活。谭嗣同经常与父亲的部属，与二哥谭嗣襄等一众豪情之人斗酒纵论时事，尽情欢乐。酒酣之时，谭嗣同便与同行之人谈论立国之道、经世之略，其中所蕴含的强烈爱国之情溢于言表。

谭嗣同常常骑马驰骋边塞，有一次遇到西北大风，地上的沙石被狂风卷起，瞬间天地昏暗，沙石不断击打着脸部，疼痛得就像中箭一样，但谭嗣同没有丝毫的畏惧。

有时候，谭嗣同会拿上弓箭，与百余名勇健的兵士一同去打猎，在大漠里追逐飞鹰与野兽。偶尔碰见少数民族居民，便与他们一同疾驰，争相追逐猛兽。到了晚上，他们就在沙漠里撑起帐篷，横七竖八地就地休息。行到缺水处，口渴了就舀一勺黄羊血，或者抓一把地上的雪止渴。有一次，谭嗣同在大漠中驰骋，遭遇到了大雪，所到之处人迹罕至，他快马不停地奔了七天七夜，走了1600余里路程，等回到兰州的时候，大腿早已是血肉模糊，裤子都被血染红了，但他却不以为苦。就这样，西北大漠的风沙和严酷的自然气候磨砺出了他坚毅的性格。

谭嗣同就这样豪放不羁地生活，和当时官僚士大夫所轻视的士兵与少数民族居民一起驰骋大漠，意气风发，展现了他对封建礼法的睥睨。西北边塞磨砺了谭嗣同坚毅勇敢的性格，更激发了他的豪情壮志。

拜师"浏阳三先生"

谭嗣同所处的是一个新旧交替的时代，随着西方列强用坚船利炮打破清政府的闭关锁国，中国旧有的知识和西方的新知识相互激荡。谭嗣同在这样的环境中如饥似渴地涉猎各种知识，相互比较，辩证分析，希望在众多的知识中找到经国救世的学问，实现自己爱国救国的理想抱负。

在谭嗣同的学习生涯中，有三位老师对他的思想影响重大，他们分别是欧阳中鹄（1849—1911）、涂启先（1834—1900）、刘人熙（1844—1919），因为三人都是浏阳人士，学问都极为深厚，故被称为"浏阳三先生"。

在谭嗣同10岁（1874年）时，谭继洵带着妻儿搬到了北京的浏阳会馆。该年7月恰逢欧阳中鹄到了北京，因为两人本有旧谊，欧阳中鹄就索性住在了谭继洵的家里。这令谭继洵十分喜悦，因为他素来敬佩欧阳中鹄的学问，便请他教导谭嗣同读书。

欧阳中鹄有深厚的儒学功底，在学问上坚持博采众长的主张，反对学问中的门户之见，对当时固守门户之见的行为常有批驳，认为集百家之长才能使学问由小至大，由浅入深，达到更高的境界。不仅如此，欧阳中鹄精研数学，从事自然科学探讨，是一个要求跳出封建藩篱、要求个性发展的上层知识分子，谭嗣同深受他的影响。

面对危机四伏的清王朝，欧阳中鹄深觉国家的日益没落，一直潜心寻找救国良方。面对当时颓废的人心和污浊的社会，他强调读经重礼。在学问方面，他讲求学以致用，将所学运用到实践中，为社会作出实际的贡献。无奈他并不适应当时的八股科举考试，屡试不第，无法通过走上仕途来实现自己的理想抱负，只能委身于其他官僚之下。但欧阳中鹄并没有因此而意志消沉，放弃自己的救国抱负，他将目光转向培养人才方面，通过自己的言传身教，希望能够造就一批与他有相同救国理想的有志青年，谭嗣同便是他极为喜欢的一个学生。

正是欧阳中鹄兼采众长的教育，打破了谭嗣同固守中国旧文化的学习壁垒，帮助他在以后的读书学习中，广泛涉猎各种书籍，后来更是涉及西方的新知识，为维新变法，为爱国救国寻找出路。

1879年（光绪五年）的秋天，谭嗣同在父亲的安排下，独自一人从甘肃兰州回到湖南浏阳，跟随涂启先钻研中国古代文化典籍。

与欧阳中鹄相同，涂启先强调要将学问运用到实践中，主张治学应当躬行实践，反对空言说大话，认为没有实践，学问也就没有了用武之地，再好也是毫无用处。他尤其对当时只追求华丽辞章、空洞说理的八股科举极力批判，他认为科举制度将学与用完全割裂开来，这样选拔出来的人才难以堪当救国救世的重任，对于社会和国家都是无用之人。

涂启先也确实如他所倡导的一样，将自己的主张付诸实践。他生活的浏阳东乡，民风强悍，好勇斗狠，而且懒惰成性，有很多游手好闲惹是生非的人，导致乡里的秩序混乱，老百姓的生活也常常得不到安宁。涂启先的父亲目睹此番景象，极为痛心，试图通过组织团练改变现状，颇有成效。涂启先继承父亲的志向，并严于律己，从自身的品行做起，勤奋俭朴，廉洁公正，洁身自好，从不通过乡团获取一丁点儿的好处。

涂启先在教授谭嗣同的过程中，一方面要求谭嗣同钻研儒家经典，从中找寻修身、齐家、治国、平天下的道路，要求谭嗣同重视务实的精神，将所学运用到实践中去；另一方面，要

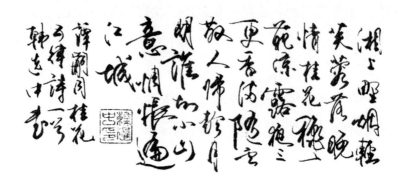

谭嗣同书法

求谭嗣同放开眼界去了解天下大事，教导他只有关心国家大事，才能做到学以致用，用自身的学问为国家做些实事。

在涂启先的指导下，谭嗣同关注现实，看到了国家的危难，更意识到了要通过自己的躬行，将所学知识运用到爱国救国中去，坐而言不如起而行。

光绪十五年（1889年），这一年谭嗣同已经25岁了，他赴京赶考，名落孙山，十分郁闷之时，遇到了学者刘人熙，因素来仰慕刘人熙的学识，谭嗣同便拜刘人熙为师。

刘人熙是浏阳著名的学者，文章道德被人称道。与欧阳中鹄一样，在对待儒学的态度上，刘人熙特别推崇王船山[1]。在他

---

[1] 王船山：即明末清初思想家王夫之，他自署船山病叟，因此人们称他为船山先生。

的影响下，谭嗣同买来了全套《船山遗书》，师生经常据此互相交流讨论，仔细研读。

王船山的思想中具有一定民主性的学说，引起了谭嗣同无比的向往，激发了他的民主理想，而其中以气为本的学说让他确立了朴素唯物主义的思想，这对他日后建立维新变法的思想理论体系起到了极为重要的作用。

"浏阳三先生"的教育，不仅向谭嗣同传授了深厚的知识，还指引着他博览群书，兼采众长，关注社会现实，盼望着有朝一日能将自己所学运用到经国济世中去，树立并坚固了爱国救国的理想志向。

广结义士

自年少时，谭嗣同就对《墨子》中的"任侠"思想十分向往，对豪侠义士极为尊崇，尤其是在西北大漠磨砺了豪情壮志之后，更加喜欢与有相同志趣的人交往。其中既有和他一样拥有爱国救国之志的书生朋友，也有混迹于江湖的侠义人士。

光绪三年（1877年），13岁的谭嗣同跟随父亲回到浏阳为母亲修墓，并设宴款待前来吊唁的亲朋好友，宾客众多。其中有一个叫唐才常的少年，两人相谈，志趣相投，很快就成了朋友。随后两人相继拜欧阳中鹄为师，有了同窗之谊，因两人性格志向相近，建立了深厚的友谊。

唐才常与谭嗣同两人，胸中都一样满怀着爱国救国之志，一直寻找经国济世的道路和机会。中日甲午战争爆发之后，中国战败，签订了丧权辱国的《马关条约》，清政府图谋自救的洋务运动也宣告失败。这给唐才常产生了巨大的刺激，让他认识到只有变法才能强国，只学习西方的军事技术的洋务运动是不能完成救亡图存的目标的。

1897年，谭嗣同在浏阳兴办算学馆，教授新学，在长沙兴办实务学堂，编辑《湘学报》，宣传变法维新。唐才常便是其中的骨干，一直伴随谭嗣同左右，为他分忧解难，为了爱国救国的共同志向，一同前行。1898年，唐才常与谭嗣同创办南学会、群萌学会，成为南方维新变法的重要人物，他在百日维新失败后逃往日本。

虽远赴日本，但一直没有忘记谭嗣同爱国救国的遗志。1900年唐才常悄悄回国，在上海英租界召开"中国国会"，宣布"保全中国自立之权，创造新自立国"，"清光绪帝复辟"，依然希望完成谭嗣同生前的变法事业，实现两人共同的理想志向。随后唐才常亲赴汉口，组织自立军，却被张之洞先发制人，将其逮捕，留下了"七尺微躯酬故友，一腔热血溅荒亡"一联后，慷慨就义，实现了与谭嗣同生前"生同志，死同烈"的誓言。

在"任侠"思想的驱使之下，谭嗣同结交的圈子不只是书生朋友，还结交了封建官僚阶级所轻视的"义侠"王五，向他学习武艺，日后一同投身于维新运动。

王五原名王正谊，是京师武林名侠，因他拜李凤岗为师，排行第五，人称"小五子"。他刀法纯熟，德义高尚，才有了"大刀王五"这名号。王五自幼与母亲失散，单身流浪在江湖，练就一身好武艺。他虽然曾经为盗匪，但从不打劫老百姓，专挑贪官污吏下手，依靠自己高强的武艺锄强扶弱。

　　谭嗣同在北京浏阳会馆居住时，结交了当时武林人士"通臂猿"胡七，学习武艺之余，两人经常畅谈时事，在交流中胡七发现谭嗣同并非富贵人家的纨绔子弟，言语之间关心国家危亡，对于救国济世有自己的理想和抱负，于是十分欣赏他。

　　当时，"大刀王五"在京师做镖师，在胡七的牵线搭桥之下，谭嗣同与他结识。王五本人性格豪爽，疾恶如仇，经常向谭嗣同讲述贪官污吏鱼肉人民的事情，讲到激动的时候往往挥臂拍案，正是这种桀骜不驯、敢于反抗的精神对谭嗣同产生了极大的影响。

　　后来，"大刀王五"跟随谭嗣同一同投身于变法救国事业，在政变谭嗣同被抓后，还曾想救谭嗣同于危难之中，但是没有成功。谭嗣同慷慨就义后，"大刀王五"投身于义和团运动，直到生命的最后一刻，都在为救亡图存的事业而努力。

第二章　十年漫游

奔波科举

生在官家，谭嗣同的父亲谭继洵希望儿子能像自己一样早早走上仕途之路，通过科举考试进入官场。在当时，要想在科举考试中脱颖而出，必须善于作辞章华丽却空洞无物的时文，也就是八股文章。

然而，谭嗣同并不喜欢八股文章，甚至是厌恶。他的老师欧阳中鹄就对科举考试的八股文章大加鞭挞，认为八股文章过于追求辞章的华丽，而忽略文章的实际内容，这样选出的官员擅长说空话，却不一定能做实事。

随着年纪的增长，谭嗣同意识到要想实现自己经国济世的抱负，就不能安于书斋生活，必须要找到施展才能的机会，他越来越急切地想实践自己的志向。他明白在中国这样一个长期封建专制的国家中，要想救国救民，就必须要想方设法进入统治集团，这样才能有实权，将自己的经国济世的策略应用到社会中，才有能力去改变现状。这时的谭嗣同虽然依旧对科举考试十分厌恶，但为了自己的理想抱负，不得不逼迫自己走上科举之路。

二十岁的谭嗣同离开了家，拜见新疆第一任巡抚刘锦棠，在刘锦棠的幕府任职。刘锦棠在与谭嗣同的交流接触中，非常欣赏他的才能，十分赞叹，称他为奇才，准备将他推荐给朝廷，让他能够充分发挥自身的才能。但遗憾的是，不久后刘锦棠因为要赡养年迈的父母辞官，推荐的事情也就不了了之了。谭嗣同就这样错过了一次直接进入官场的机会，只好回到兰州，继续刻苦读书，等待时机。

在以后的十年里，谭嗣同漫游全国各地，足迹遍及大江南北、黄河上下，往来于直隶、新疆、甘肃、陕西、河南、湖北、湖南、江西、江苏、安徽、浙江、山东、山西、台湾等省，总路程达八万余里，用谭嗣同自己的说法，可以称得上"堪绕地球一周"了。而这十年的漫游，谭嗣同主要就是为了"六赴南北考试"。

光绪十一年（1885年），谭嗣同从甘肃赶赴湖南参加科举考试，落第后又回到了甘肃，一面继续苦读各种书籍，一面逼迫自己研习厌恶的八股文章，为下一次科举考试做准备。光绪十四年（1888年），谭嗣同再次前往湖南参加科举考试，再次落第。

谭嗣同多次科举考试的失利让谭继洵十分失望，又大惑不解，在他看来，谭嗣同是天生之才，才华横溢，他是极有信心的。转念想自己，为官十余年，一直是不求有功但求无过的，并没有得罪官场同僚。思来想去，他觉得谭嗣同可能并非是池中鱼，而是海中龙，应该去更大的地方施展自己的才华，于是他亲自筹划，通过多年在官场的关系将儿子转到京城参加科举考试。

这次京城赴考，谭嗣同提前做了精心的准备，也许他注定就不是一个要通过科举考试实现理想抱负的人，他再次落第。

多次奔波科举，谭嗣同得到的不只有失败和郁郁不得志。在漫游之中，谭嗣同看到了祖国各地的壮丽河山，或秀美或壮丽的山川与景色各异的江河湖水，让谭嗣同无比热爱，想着这一草一木极有可能被他国侵略掠夺，又令他无比地痛心疾首。

与此同时，十年的漫游给了他充足的机会去了解社会现实，目睹了劳动人民的悲苦生活，也看到了当时封建王朝清政府的腐败无能。

有一次在陕甘道上，谭嗣同碰到一群向西北逃荒的灾民，携儿带女，饥寒交迫地赶往西北开荒。谭嗣同急忙上前询问，原来这群逃难的灾民原是河南、山东一带的农民，因为黄河下游河道长久失修，河道不畅，加上今年雨水不断，河水冲破河堤，淹没了村庄，涝灾十分严重，不仅是田地成了汪洋，就连居所也被大水淹没了。对于当时自给自足的广大劳动人民而言，没有了田地就没有了生计，万不得已之下，只好举家迁往西北开荒，只为有口粮食吃，能够勉强生存下去，实属无奈之举。而此时的清政府，不顾老百姓的死活，非但没有治理水患，反而税赋不减，在这样的逼迫下，活活饿死、卖儿卖女也是常有的事情。

看到广大百姓这样悲惨的生活，与祖国雄伟秀丽的山河形成了强烈的对比，让谭嗣同无比悲愤，不禁发出"风景不殊，山河顿异；城廓犹是，人民复非"的感叹。谭嗣同想到自己苦读多年，为了拯救老百姓于水火之中，为了经国济世的理想抱负，寻求报国的机会，却多次被这腐败无能封建政府拒之门外。这让谭嗣同对自己多年所学的旧知识产生了怀疑，对清政府的腐败无能愈加失望和不满。

愤作《治言》

光绪十年（1884年），中法战争爆发，而这一切起端于越南。19世纪中叶，法国出兵侵略越南，其目的就在于企图打开中国的西南通道。法国不断扩兵，并勾结越匪黄崇英，蚕食越南的领土。越南难以抵抗，与法国议和，为了保留越南名义上的独立付出了很多代价，签订了很多合约，其中一条便是与清政府断绝来往。

光绪五年（1879年），越南边境患大规模的乱党匪难，越南无力对抗，向清政府求援，清政府即命时任广东提督的刘长佑出兵越南，大获全胜，几个月的时间，乱党之乱被平息。此事却给了法国进一步入侵越南的借口，越南王惊慌失措，急忙再次与法国议和，在法人的迫使下，签下了《顺化条约》。至此，法国已经控制了整个越南。

光绪九年（1883年），法军在毫无征兆的情况下，攻打越南山西的清军驻地，正式挑起中法战争。慈禧太后听闻此消息后，一向卖国求太平的她，并没有急于派兵进行反击，而是派李鸿章去和法国人会谈。法国要求清政府完全撤出越南，不得再进行保护干预，李鸿章只要求法国和越南修改条约，其中不能存留有伤中国体面的词句。如此荒唐的要求，是当时清政府腐败无能的最好证明。

清政府的软弱并没有换来太平，反倒助长了法人的嚣张气焰。法国远东舰队打着"游历"的幌子进入了福建马尾军港，清政府的当地官员还将其当作贵宾进行接待。当时的马尾军港是福建水师的重要驻扎地，这样的举动无异于引狼入室。果不其然，1884年6月，法国远东舰队突然发起进攻，福建水师还没来得及起锚，就被击沉军舰11艘，将士伤亡七百余人，损失惨重。

清政府这才幡然醒悟，立即向法国宣战。清军官兵士气大振，先后在台湾、镇海击退法国远东舰队；在近海设炮台、布水雷，使得法国远东舰队难以靠近。法国军队在近海侵犯的同时，派兵进攻谅山。清政府起用年近七旬的老将冯子材率军抗法。为了抵御法军的大炮攻击，冯子材抢修炮台，挖壕沟，并修筑起一条长达三公里的长墙，冯子材精心的准备让法军多次进攻都无功而返。孤注一掷的法军准备发起总攻，配备了上千门大炮，一时间炮声震天，长墙瞬间被轰得支离破碎。冯子材见此状，提起兵器，率领部下与法军展开了肉搏战，士气高涨，浴血奋战，法军大败而逃。

前线的连连捷报很快传到了京师，慈禧太后听后大喜，却下达了"乘胜即收"的命令。朝廷一方面用金牌召冯子材班师回朝，冯子材手握金牌，万般无奈，站在军中挥泪下令撤军，全军上无不痛心疾首，悲愤不已，只能眼睁睁地看着法国败兵陆续撤退；另一方面命李鸿章前去与法国议和，在天津签订《中法新约》，承认越南是法国的保护国，在西南中越边境开埠通商，并允许法国修筑铁路。就这样，战场上失败的法国却获得了战胜的利益，打开了中国西南门户。正是"法国不胜而胜，中国不败而败"。

谭嗣同听闻这个消息，犹如晴天霹雳。谭嗣同本以为清政府这次能够挺直腰板，与西方列强在战场上拼死厮杀，为国家的主权和利益奋战到底，灭一灭西方列强的嚣张气焰，不让国家沦为众国都可以任意欺负的对象。可现实无疑是给谭嗣同泼了一盆冰水，清政府的腐败无能让他感到无比的绝望，万分悲愤之中，24岁的谭嗣同写下了自己的救世主张《治言》一文。

在《治言》中，谭嗣同将中国历史的发展分为三个时期：夏商周是"道道之世"，即以道为治，通过个人高尚的道德进行国家的治理，在这样的统治下，民众信奉的是"仁"、"义"为核心的道德；秦朝以后是"法道之世"，就是以法为治，民众因为对严厉法律的恐惧而屈服于统治者；当时是"市道之世"，即以交易为治，就是实行中外互通的统治时期，民众开始注重物质利益，将对道德的信奉转移到对功利的追求。

谭嗣同同时认为世界的文化也是在变化发展的，可以分为"忠""质""文"三个时期。中国处于"文胜质不存"，西方文化在"质"的阶段。"文"注重的是道德与文化，"质"注重的是科学技术与经济生产。在他看来，中国屡屡战败就是因为"质"的缺乏与落后。谭嗣同认为三个阶段是不断循环往复的，都不是固定不变的。

对于历史的发展、文化的时期，谭嗣同都认为是不断变化的，虽然他对于阶段划分和变化方式的论述略显片面和勉强，但难能可贵的是此时的谭嗣同认可变化，认为只有求"变"，通过变革才能实现救亡图存的目标。

此时的谭嗣同因为对中外形势还缺乏更多的了解，对于西方列强的侵略十分憎恨，进而有意贬低西方的科学技术与文化，言辞中不乏对中国文化的抬高，对西方国家的贬低。在这种影响之下，谭嗣同认为当下的变革主要在于改变人心，而不是在器物和制度层面上的改革。根据"意诚而心正，心正而身修，身修而家齐，家齐而国治，国治而天下平"的儒家学说的正统思想，谭嗣同认为只要做到对民众"正心诚意"，国家就能由乱而治。

在现在看来，这种试图通过儒家思想去改变现状、救亡图存的想法是不可行的，这是因为谭嗣同还未接受西方民主政治体制的学说，他还在中国的传统文化体系中苦苦探索救国家于危难之中的良药，在救国的道路上艰难前行。

虽然有意地去贬低西方国家，此时的谭嗣同还是主张学习西方的先进之处，取长补短。在他看来，西方国家每条法令一出，举国上下奉如神明，立法轻易就实现了社会准绳的确立，不只是民众遵守，就连君王也不敢越雷池一步。中国的情况却恰恰相反，官吏只知讨好上级，得过且过，不求有功但求无过，根本没有社会责任之感，什么国家危难、民族危难，只要灾难没有直接掉在自己的头上，就袖手旁观，无动于衷。谭嗣同对这些昏庸无能的官员极为痛恨，曾悲愤地说："庸医不杀人，能致人于不生不死之间。庸臣不亡国，能致国于不存不亡以不安。"

从整体看，谭嗣同年轻时代所作的救国方案《治言》是有缺陷的，也是难以实现的，但其中蕴含了谭嗣同想要救国家于危亡之中的急切心情。其中"变"的思想，以及对西方认可的部分，都指引着他日后走上变法革新的道路。

痛别仲兄

光绪十五年（1889年）春，谭嗣同赶赴北京应试，再次落第，带着沉重的心情，从京城赶回甘肃兰州。此时，二哥谭嗣襄已经准备去台湾就任，这让谭嗣同极为开心，暂时将科举考试的愁闷挥之脑后。

可没过多久，从台湾传来了二哥谭嗣襄因病去世的噩耗。谭嗣同听闻消息后，巨大的悲恸让他呆呆地矗立在原地，表情木然，一动不动，又突然倒地不省人事，等他醒过来之后捶胸顿足、号啕大哭，多日吃不下饭，只是呆呆地坐着，形容枯槁。后来谭嗣同回忆当时，在沉重的打击之下，自己就像一个五六岁的小孩，幼弱不堪。

谭嗣同自幼就喜欢和二哥谭嗣襄一起玩耍。谭嗣同的大哥谭嗣贻比他大13岁，年长持重，谭嗣同敬重他就犹如敬重父亲一般，因而也很少跟大哥一起交流；然而二哥性情与谭嗣同相近，经常带着谭嗣同到处游玩，登高爬低，十分快活。因而，谭嗣同什么事情都喜欢依仗二哥谭嗣襄，在他面前撒泼耍赖也是常有的事。随着年龄的增长，谭嗣同经常和二哥谭嗣襄一起议论天下时事，两人都有经国济世的理想抱负。尤其是在他12岁以后，家庭遭遇大劫难，母亲、大哥、二姐相继病故，年幼的谭嗣同受尽庶母的虐待和父亲的冷落，生活悲苦不已，还好有二哥相依为命，给予他最大的爱护，带给他心灵的慰藉。

谭嗣襄去台湾是受到了自己姐夫唐景崧的推荐。当时，台湾巡抚刘铭传平定台湾后，决心要改弦易辙，成就一番作为，求贤若渴。与一般的官员不一样，在人才的选拔上，刘铭传认为现在是新的时代，应该有选拔人才的新观念，并明确指出按照八股取士选拔出来的人只知道四书五经，没有经世致用的才能，更不要说去经国济世了，难堪大用。因而主张培养和选拔具备近代科学文化知识的新人才。在人才选拔的过程中，刘铭传不看重资历和功名，不计较门第、地域，而是唯才是举，不进行任何的限制。

在谭嗣同看来，二哥谭嗣襄怀才不遇，三次乡考不中，后来发愤出游，到处游历，充分了解当下的社会现实，读万卷书行万里路，等待展示才能的机会。这次能够去台湾任职，谭嗣同为二哥感到无比的高兴，并对二哥在台湾成就一番事业充满了信心。

谭嗣襄到台湾后没有辜负谭嗣同的期待，刚到台湾就赶赴刘铭传的府中，两人谈得十分投机，对于当下时事发表见解，一直相谈到傍晚还意犹未尽。刘铭传认为谭嗣襄是一个不同寻常的罕见之才，委任他为凤山县盐税官。当时台湾盐税贪污成风，腐败不堪，谭嗣襄到任后亲自考核，严肃法纪，事必亲为，隔断下属官员贪污腐败的可能，很快就有了成效。刘铭传对谭嗣襄十分赏识，但因为初来乍到的谭嗣襄触动了当地官员集团的利益，受到了众人的诽谤与排挤，刘铭传为保护谭嗣襄，一再为他变更职位，但也难以从根本上改变他艰难的处境。郁闷苦恼的谭嗣襄不久后患上寒疾，久久不见好转，却日益加重，不幸离世。

短短几个月之内，二哥谭嗣襄去台湾任职的喜悦之情还未消退，谭嗣同就要接受二哥不幸离世的这一悲痛消息，这让他心里难以承受。谭嗣同是不幸的，自幼失去母亲的关爱，没有家庭的温暖，二姐、大哥、二哥相继病故，只剩下谭嗣同一人孤苦伶仃地在世上漂泊，生死的无常让谭嗣同感到十分悲痛但又无可奈何。

这一切让谭嗣同对生与死的问题进行追问，生与死是什么？如果说死是永远的消失，那么生的目的和意义又是什么？没有仓促死去的人活在世上就是生吗？这些追问让谭嗣同不断去寻找生命的意义和价值。

但他没有因为"人注定要死"的论断走向消极，而是感叹人生无常，生命短暂，更要珍惜当下的一分一秒，去做有意义的事情，不断充实自己，为了自己的理想志向而发愤图强。世上没有比死更可怕的事情，无论遇到怎样的艰难险阻，都不可放弃，他立志要做到生而有益、死而无憾，为经国济世的理想抱负而不顾一切。

初探西学

十年漫游中，谭嗣同的思想在悄悄发生着变化。

谭嗣同出生在这样一个内忧外患的乱世，自幼便有了经国济世的理想志向，他刻苦读书，想要从华夏五千年的辉煌历史中找到救国的良药，并对儒家经典极为推崇，认为现在的贪官污吏、人心沦丧是国家混乱的根源，试图通过正人心来强国。

但在十年的漫游中，谭嗣同目睹了底层百姓的悲惨生活，泱泱大国，老百姓只是想要吃饱饭都十分困难，虽然有天灾人祸的原因，但小农经济的生产力极度落后才是根源，乱世之中老百姓难以维持生计。他越来越发觉自己那一套封建文化的"经世"之学并不能起到富国强民、抵御外敌的作用，他对自己二十余年所学极为失望和沮丧。

光绪十九年（1893年），谭嗣同由武昌赶赴北京，途经上海的时候，遇到了英国传教士傅兰雅，这为他接触西学提供了契机。

英国传教士傅兰雅在父亲的影响下，对于东方世界十分着迷，在22岁时就远渡重洋，来到中国进行传教和教书。为了传教的便利，傅兰雅苦学语言，很快就掌握了汉语，甚至还会说广东话，潜心研究中国的传统文化，了解中国各地的风土人情，并不遗余力地向中国的知识分子传授西学知识。

恰逢洋务运动兴起，极其缺乏西学人才，傅兰雅在李鸿章的邀请之下前往上海江南制造总局负责翻译馆的工作。此后的二十余年，傅兰雅一直致力于译书工作，共翻译各种科学著作达113种，向中国人介绍、宣传西方的科技知识，以至被传教士们称为"传科学之教的教士"。在当时，对于很多想要了解西方的中国知识分子而言，不懂外文是一件很苦恼的事情，傅兰雅恰恰能解决这样的难题，便有很多人找到傅兰雅，在他的帮助下了解西方，接触西学。

英国傅兰雅口译，清·华蘅芳笔述的《决疑数学》书影

傅兰雅和谭嗣同结识后，向谭嗣同详细介绍了西方各国的近况。在傅兰雅的介绍中，谭嗣同知道了西方的世界已经是资本主义自由的世界，民众皆有选举君主的权力，工业革命后的西方世界正利用科技快速发展，生产皆有大规模的自动机器。谭嗣同听闻后十分震惊，没想到西方是这样的一番景象，极受触动。傅兰雅还向谭嗣同展示了翻译馆翻译的各种书籍，如《西国近事汇编》《环游地球新录》《几何原本》等，建议谭嗣同多多阅读这些书籍，了解西学。

在上海短暂停留后，谭嗣同继续北上到达北京，机缘巧合之下结识了四川人吴樵。吴樵学识过人，尤其精于算学、几何，对于西方国家的学问也很有研究，谭嗣同十分欣赏他，与他结拜为兄弟。

在与吴樵的接触中，谭嗣同对自然科学产生了更为浓厚的兴趣，购买了大量由广学会、江南制造总局翻译馆翻译的自然科学书籍，其中还包括一部分西方历史和政治的书籍。这些知识都是谭嗣同之前较少接触的，青年时代的谭嗣同甚至一度对于西学极为鄙视和排斥，但真正接触西学之后，谭嗣同犹如找到了一条新路，如饥似渴地吸取其中的知识，想要从中找到实现自己经国济世理想抱负的道路和方法。

谭嗣同接触西学，与同时代的知识分子相比是较晚的，但他能后来者居上，得益于他勤奋刻苦之外，有自己一套独特的研究方法。谭嗣同在广泛阅读西学书籍的同时，善于将他们与中国古典相互比较印证，辩证分析，并对其中能够实践的自然科学知识进行验证。

在研究《格致汇编》中提到透镜的原理时，谭嗣同找来《梦溪笔谈》等书进行比较验证，甚至还找来透镜亲自验证其中的原理。在学习《几何原本》中的三角形时，亲自画图进行论证后，才肯相信。他甚至还在自己研究的基础上给光、声下了定义。

西学为谭嗣同打开了一扇门，让正为寻找经国济世道路而苦闷的他看到了新的道路，开阔了他的视野，让他的思想悄然从传统儒家转向西学变革的方向。虽然由于时代的限制，谭嗣同接触到的西学是有限的，但让他明确了西学救国的道路，认为当下就是变革的时候，中国的衰弱就是因为固守圣人之言导致的。在爱国救国的道路上，谭嗣同开启了新的旅程。

第三章 甲午之变

甲午战争

1868年，封建王朝清朝还沉醉在自己天朝上国的美梦中，而此时，与中国隔海相望的日本通过明治维新，改革变法，"脱亚入欧"，开始走上资本主义道路，国力日渐强盛。当时的日本，同时进行两次工业革命，也就是蒸汽革命与电气革命。在扫清政治制度障碍之后，日本的工业革命走上了快速发展的轨道。经过20年的快速发展，日本产业革命迎来了发展高潮。

日本作为一个岛国，国内本身就资源匮乏、市场狭小，生产力的快速发展，商品生产的总量远远超过日本自身市场的消化能力，商品无法快速有效地转化成金钱，再次投入生产。同时，国内封建残余势力浓厚，社会转型期各种矛盾很尖锐，因此以天皇为首的日本统治集团急于转移国内矛盾，从对外扩张中寻求出路。这时的日本将目光投向了隔海相望的广阔大陆——中国。

为此，1887年，日本参谋本部制定了所谓"清国征讨策略"，逐渐演化为以侵略中国为中心的"大陆政策"。日本狼子野心策略的第一步是攻占台湾，第二步是吞并朝鲜，第三步是进军满蒙，第四步是灭亡中国，第五步是征服亚洲，称霸世界。而甲午中日战争就是日本实现"大陆政策"前两个步骤的重要环节。

当时的中国处于清朝晚期，正往半殖民地半封建社会的深渊中沉沦。经过了两次鸦片战争的冲击，封建腐朽的清政府想要通过学习西方的科技与军事技术来抵御外侮，维护自身统治。从19世纪六七十年代起，清朝统治集团中的洋务派掀起了一场以"自强""求富"为口号的洋务运动。

清朝于1888年正式建立了北洋水师，成为亚洲一个强大的海军力量，即使欧美列强也放缓了侵略脚步。但清朝并没有抓

训练中的北洋水师

住这个机会继续深化改革，像日本那样变革国家治理的方式，政治依旧十分腐败，封建统治十分黑暗，人民生活艰难困苦，洋务运动并未能使中国走上富国强兵的道路。

在甲午战争之前，日本觊觎中国已久，早在1872年，日本就开始侵略中国附属国琉球，准备以琉球为跳板进攻中国的台湾。1874年，发生了琉球漂民被台湾高山族杀死的事件，日本竟然以琉球是日本属邦为借口大举进攻中国的台湾岛，这是近代史上日本第一次对中国的武装侵略。但当时日本和中国实力悬殊，加上水土不服，日军很快就败下阵来。战争结束，英美等国马上跳出来，进行调停，实际是想从别人的战争中获取利益，战败的日本向清朝勒索白银50万两，并迫使清廷承认日军侵台是"保民义举"（如此间接承认琉球人是日本属民），才从台湾撤军。软弱无能的清政府为求和，抓紧结束纷争，竟然答应了日本的无理要求。

日本没想到世上还有这等好事，战败也可以要求对方进行赔款，获取土地，真是无论战败战胜，皆有利可图。尝到甜头的日本更加狂妄，将目光投向了中国的另一个属国朝鲜。朝鲜问题是日本发动侵略战争的突破口，1894年，朝鲜爆发东学党起义，朝鲜政府军节节败退，被迫向清朝乞援。

在朝鲜向清朝乞援的同时，日本通过其驻朝公使馆探知清廷将要出兵朝鲜的消息后，终于等来了挑衅滋事的机会，欣喜若狂。在日军先遣队出发前，日本外务大臣陆奥宗光训令驻朝公使大鸟圭介"得施行认为适当之临机处分"，授权挑起事端，找寻借口发动侵略战争。

朝鲜起义动乱被镇压后，朝鲜政府要求中日两国撤兵回国。清政府早就想撤兵回国，但日本似乎并不情愿，于是日本大鸟圭介开始和清廷驻朝大臣袁世凯进行撤兵谈判。日本发动战争的决心已定，怎么可能同意撤兵。这时，日本提出了"中日两国共同协助朝鲜改革内政"的方案，为拒绝撤兵找理由。日本借此理由不断向朝鲜增派士兵，侵朝日军达到8000余人，比起驻朝清军已占绝对优势。而此时，清廷决策者李鸿章则一直希望中日共同撤兵，既未向朝鲜增援军队，又没有按袁世凯等人的建议由清军先撤兵，举棋不定，最终给日本人以可乘之机。

日本以清政府拒绝"共同改革朝鲜案"为由，向清政府发出了"第一次绝交书"。而此时的清政府还寄希望于欧美等国，想让他们出面进行调停，让日本撤兵。处于同一个利益集团的欧美等国，只是对日本表示"谴责"，并未采取强硬措施，最后都采取了观望态度，静观事态的发展，伺机为自己谋求利益。

日本向清廷发出"第一次绝交书"以后，便开始单独改革朝鲜内政的策略。日本一方面强迫朝鲜否认是中国属国，另一方面提出了五项二十七条改革方案，强迫朝鲜限期接受。朝鲜政府当时是亲华的，十分反感于日本的蛮横，一直敷衍日本的要求，并一再督促日本撤军。

日本发动战争的阴谋之心日益彰显，中国国内民众舆论和清军驻朝将领纷纷请求清廷增兵备战。光绪帝载湉在自己的老师户部尚书翁同龢的支持下主战，认为如果连日本都惧怕，那国家真是到了人人皆欺的地步了。然而，慈禧太后正在准备六十大寿，不想被打扰，甚至花重金修建了颐和园。李鸿章为了保存自己嫡系淮军和北洋水师的实力作为自己朝中权势的砝码，也企图和解，形成了清廷中的主和派。

清廷中主战派与主和派争论不休的时候，日本驻朝公使向朝鲜政府发出最后通牒，要其"废华约、逐华兵"，并在48小时内答复，朝鲜继续敷衍日本。于是侵朝日军突袭汉城王宫，击溃朝鲜守军，解散朝鲜亲华政府，扶植听命的新国王上台摄政。

控制了朝鲜政府后，日本不宣而战，在朝鲜丰岛海面袭击了增援朝鲜的清军运兵船"济远""广乙"，丰岛海战爆发。海战中日本联合舰队第一游击队的"浪速"舰击沉了清军借来运兵的英国商轮"高升"号，制造了高升号事件。至此，日本终于引爆了甲午中日战争。

1894年8月1日（光绪二十年七月初一），中日双方正式宣战。甲午中日战争分为三个阶段，第一阶段在朝鲜半岛进行，包括平壤之战与黄海海战；第二阶段战争在辽东半岛进行，包括鸭绿江江防之战和金旅之战；第三阶段是威海卫之战，是保卫北洋海军根据地的防御战，也是北洋舰队的最后一战。

甲午战争海战图

甲午战争爆发以后，日军在黄海之战中获胜，北洋水师损失较大，但并未完全战败。然而李鸿章为了保存实力，命令北洋舰队躲入威海港内，不准巡海迎敌，日本夺取了黄海的制海权。又在1894年（清光绪二十年）11月下旬攻入中国境内，占领了旅顺。此时，想进一步进攻的日本考虑到渤海湾即将进入冰封期，不便于登陆作战，决定暂缓执行进攻平原作战计划，而将战略进攻方向转至山东半岛，海陆配合攻占威海卫，企图歼灭黄海海战后撤退到此地的北洋海军。威海卫保卫战，北洋水师全军覆没，三十余年的洋务运动以失败告终。

分析甲午战败的缘由，主要还是腐败无能的清政府自毁长城。洋务运动之初，大力引进西方的科学技术与军事技术，依靠强大的财力，组建了拥有当时最先进技术的北洋水师。当时，西方列强忙于互相纷争，暂缓侵略中国的步伐，清政府竟以为西方列强只是想要获取经济利益，并不是想侵略中国，没有抓住这个继续发展的好机会。腐败无能的清政府中各种派系相互斗争，对于洋务运动的投入日益减少，十年竟不添一舰一炮，李鸿章等人只是将洋务运动看作自己谋求权位的政治资本。

战争伊始，日本已经准备了详密的侵略计划，而清廷还在为是否对战不断争论，更不要说制定作战计划了，还未战就已经处于十分被动的位置了。在海战中，北洋水师军舰老旧，锅炉破损，舰炮使用的穿甲弹，射速慢，威力不足。而日本海军训练有素，装备了大批的新式战舰，使用大口径火炮，并装备了速射炮，开发出了新型的炮弹，军事实力已经在清政府之上了。

甲午战败，李鸿章代表清政府来到日本马关进行谈判。战败时日本就极力获取利益，更不用说这次以战胜国的身份进行谈判了，便狮子大开口，要求中国割让辽东半岛、台湾岛及其附属各岛屿、澎湖列岛给日本，赔偿日本2亿两白银，还要求中国增开沙市、重庆、苏州、杭州为商埠，并允许日本在中国的通商口岸投资办厂。因为欧美三国干涉还辽，日本侵吞辽东半岛的阴谋未能得逞。

《马关条约》的签订刺激了帝国主义列强的野心，封建王朝清政府已经到任人宰割，毫无抵抗能力的地步了，中国社会的半封建半殖民地化大大加深，适应了帝国主义列强对华资本输出的需要，随后列强掀起了瓜分中国的狂潮。

甲午战争失败，像一把利刃割着每一个爱国的中国人的心，国内民众一片哗然。三十余年的洋务运动，喊着"自强""求富"的口号，一个都没有完成，以失败告终。广大爱国人士看到，依靠腐朽的清政府去实现民族复兴是不可能的，只学习西方的科学技术与军事技术也是难以自强的，"中学为体，西学为用"的道路是走不通的。只有通过前所未有的大变革，才有可能救国家于危难之中，甲午战争直接导致中国人民挽救民族危亡的运动高涨。

不断加深的国家危难像一块巨石沉在谭嗣同的心里，他焦急地找寻救国的办法，恨不得亲自赶赴战场，抵御外辱，却苦于自己是一介书生，没有一展报国之志的平台，只能眼睁睁地看着国家衰微。谭嗣同感到无比的愁闷，有报国之志，却找不到救国的道路。

公车上书

光绪二十一年（1895年），全国各地众多学子聚集在北京，参加科举考试。此时，甲午战败的消息传来，爱国学子无不捶胸顿足，悲痛不已。他们难以接受泱泱大国竟被日本如此欺辱；镇压人民起义时凶狠无比的清军，在日本新军面前竟溃不成军；三十余年洋务运动的成果北洋水师全军覆没；广阔的中国土地被日本占领掠夺。这一切让他们沉浸在悲痛之中，十分愤懑。

在众多的学子中有一位来自广东南海县的志士，名叫康有为，同行的还有他的学生梁启超。康有为出生于一个官僚家庭，自幼受到严格的封建文化思想的教育。但他并没有被封建旧知识所禁锢，他关心天下时事，深感民族危机的不断加深，急迫地寻找救亡图存的良策，广泛涉猎各种书籍，其中不乏西方传入的新知识、新思想，在西方思想的冲击下他越发感到当下的学子被封建旧思想、旧文化所禁锢，对于天下时事缺乏了解，思想得不到解放。如今国家危难，只有变法革新，才能挽救国家于困境之中。

有感于此，康有为对中国封建社会的文化根基进行了质疑。从西汉开始，中国封建社会的思想文化根基便是儒家学说，今古经文谁是正统的讨论，其实也就是对于儒家正统学说的重新改造。因为涉及封建社会的文化根基，今古经文之学的讨论也就难免具有浓重的政治色彩。

康有为抓住这个机会宣传自己"求变"的思想，作了一篇《新学伪经考》。在这篇文章中，康有为宣布一些被历代封建统治者奉为神圣的儒家经典是一堆伪造的废纸，不仅从根本上否定了当时在学术界占有统治地位的古文经学，对封建统治的思想文化根基提出了质疑，还试图通过对封建文化专制的否定，促进爱国学子的思想解放。

早在光绪十四年（1888年），康有为在进京科考时就写下了一篇《上清帝书》，主张"变成法，通下情，慎左右"，文中明确反对李鸿章、张之洞的洋务派，认为只学西方之表是无法救国的，只有从政治上进行改良才能实现强国抵御外辱的目的。康有为的惊人言论惊动了京城，虽有极少的官员赞赏其才华，但无一人敢帮他将文章呈交给光绪帝。当时负责科举考试的封建保守官员徐桐读到此文后极为震怒，怒斥康有为过于狂妄，不可以让他进入朝廷，竟然将康有为已经被录取的试卷取出丢掉。康有为就这样失去了一次高中的机会，但他已经凭借才华名震京城，成了青年一代有志革新者的领袖。

中国甲午战败，康有为再次入京科举，慈禧太后派李鸿章等人前去日本马关进行谈判求和。日本狮子大开口，除了要求割让台湾岛及其附属岛屿、澎湖列岛以及辽东半岛的大片领土之外，还要求赔偿军费白银2亿两。清政府在当时每年的税收也不过四五千两，面对这样强盗般的条约要求，一味求和的李鸿章竟也不敢在条约上签字，一方面试图与日本进一步协商，一方面抓紧向慈禧太后禀告。日本怎么可能轻易放弃这次抢食中国的好机会，不给李鸿章辩驳的机会，拒绝了李鸿章的协商请求。慈禧太后不顾朝中官员的意见，一心只想过自己的清静日子，只恐多生事端，示意李鸿章在条约上签字。

《马关条约》签订后，条约的内容很快传遍了京城。正在京城准备科举考试的康有为闻讯后痛心疾首，挥臂拍案，与梁启超等人商议："割地赔款，都是那些只在乎自己官位的大臣做出来的。我们中华大地，为何会贫弱到这步田地。听说现在的皇帝年轻有为，是可以励精图治的，我们为什么不联合志同道合的爱国人士，一起向皇帝上书？"

梁启超听后十分赞同老师的建议，立马与广东会馆的爱国学子商议，大家都慷慨激昂，明确表示爱国不敢落于人后。但梁启超有自己的担心，上书的事情，必然是人越多越好，现在并不知晓其他省会学子的态度。康有为听后说道："如果能联合各省的爱国学子固然很好，但现在时局危急，容不得半刻迟疑。各省学子中观望的不少，这时候如果有人能尝试一下，证明不会有事，此后必定一呼百应。今天，我们广东的全体举人是否可以率先签名上书，要求朝廷拒绝议和？"几个广东举人都异口同声道："只要先生号召一下，大家一定追随。"

康有为随即拟定奏折，广东举人纷纷签名后，湖南举人闻讯赶来，也一起在奏折上签了名。不出所料，此次上书被大臣扣押，并未交到皇帝的手中。虽然朝廷一向严禁"士子干预"，但由于此次联名上书各省举人爱国情绪高涨，朝廷竟也不敢采取任何压制措施。

此次上书很快在各省举人之间传开，人们纷纷对他们表示了赞赏和支持，并纷纷效法。一时间北京城内爱国学子纷纷行动起来，尤其有几位原籍台湾的福建举人，强烈反对割让台湾，他们到各省会馆前痛哭陈辞，希望能够号召更多的学子一起上书朝廷。

各省学子们决定在宣武门外共同商议接下来的上书之事，

18个行省的一千三百余人前来聚会。康有为站上高台，列举古代先贤的爱国事例，鼓励大家为救国而不顾个人得失，话锋一转，控诉清朝腐败无能的官员。爱国学子听后群情激奋，人群中不时有人高喊"查办无能官员""变法救国"的声音。最后，大家公推康有为执笔，立即向皇帝上书。

商定好上书内容后，康有为率领千名学子，高声大喊变法拒和的口号，一路游行，直奔都察院。都察院的官员看着门前已经被各省学子堵得水泄不通，爱国学子情绪十分激昂，胆小怕事的官员竟然躲在都察院内不敢外出。

游行归来的康有为奋笔疾书，写好了《上清帝书》。文章慷慨陈词，请求皇帝能够拒绝合约，与日本抵抗到底，并提出了变通新法的方案，通过"富国、养民、废科举、开议会"实现强国救国的目标。这份签有一千三百余名爱国学子姓名的万言书交到了清廷官员的手中，这就是著名的"公车上书"。

这一次"上书"再次被大臣扣押，光绪帝甚至不知道有这么一回事。但封建保守的大臣这次却不敢扣押康有为的试卷，康有为考中进士，进入工部，为再次上书提供了便利条件，日后发动了戊戌变法。

公车上书虽然没能阻止《马关条约》的签订，但它鼓舞了爱国学子的救国热情，解放了他们的思想，让他们深知只有联合起来通过变法自强，才能抵御外辱，救亡图存。这时的谭嗣同听说公车上书后，如同在黑暗中看到了一丝光明，急切地想参与其中，在接下来的爱国救国运动中贡献一份力量。

结交梁启超

甲午战败之时，谭嗣同与妻子正在长沙，消息传来，谭嗣同先是怔怔地站在原地片刻，一声长叹后，悲痛不已的他咬牙切齿，悲愤难平，恨不得自己去战场上与日军拼个你死我活。在悲愤之中，谭嗣同听说了康有为联合各省学子联名上书的壮举，虽远在长沙，也为之一振，急切地想与康有为、梁启超等人结识，谈论救亡图存的办法和道路，参与接下来的爱国救国运动。

谭嗣同将妻子送回长沙娘家之后，直奔北京。途中与各地爱国好友讨论救国策略，吸收他人观点的精华，不断开阔自己的视野。等谭嗣同到北京时，康有为已经南下上海了，二人失之交臂，谭嗣同懊悔不已，就暂时在北京住了下来。

此时的北京刚经过了甲午战败悲痛的洗礼，千余学子爱国大游行的壮举似乎还在昨日，但北京城内却又呈现出一片繁华景象，仿佛什么事情都没有发生一样，达官贵人在歌舞升平中醉生梦死。谭嗣同走在京城内，见到这样的景象十分痛心，国家在危难之中越陷越深，这群达官贵人却只知道享乐挥霍。国人不觉醒，怎能救国家于危难之中？

正在悲愤之中，谭嗣同接到了一份请帖，发帖人是翰林院侍读学士文廷式。原来在甲午战败后光绪帝对于慈禧太后的垂帝听政越发感到不满，想要有所作为，发展自己的"帝党"。随着维新派的出现，帝党对于维新派的改良变法主张比较认可，想采纳他们变法强国的主张，既保证了皇位，又实现了强国，抵御外辱。文廷式作为帝党的重要成员，负责维新派的组织工作，1895年成立的强学书局正是他牵头组织的，维新派的第一个组织强学会也成立了。

康有为、梁启超正是强学会中的主要策划人和中坚力量，除了爱国学子之外，强学会内还有朝廷中官员，袁世凯也在其中。英美两国在清朝宫廷内两党之争中暗中支持帝党，因而在强学会中还有一部分英美人士。为了宣传维新运动，强学会创办《中外纪闻》，康有为、梁启超为主要撰稿人，主要派发给北京的主要官员，所刊登的文章大多是外国概览、时事分析、新知识、新文化等，宣传维新运动。

为了进一步宣传维新运动，强学会特派康有为南下到上海组织上海强学会，并出版《强学报》，谭嗣同也就是这样与康有为擦肩而过的。文廷式听闻谭嗣同与张之洞的儿子张立人来到了京城，特设宴为二人接风洗尘。

谭、张二人到达聚会地点的时候，客人已经基本到齐了。与在座的宾朋简单寒暄之后，文廷式把谭嗣同介绍给大家，称谭嗣同读万卷书，行万里路，年少之时，便在新疆辅助刘锦棠将军，后又周游全国，博览群书，才华横溢。众人听后对谭嗣同极为赞赏，想来他必定有很多真知灼见，便要他讲给众人听。

谭嗣同没有推托，说道："众位都是京城名流，朝廷贤臣，而我只是混迹草野的一介书生，在这献丑了。这次公车上书，誉满全国，我备受鼓舞，特前来献一份力。前不久，湘东大旱，粮食颗粒无收，饿死者不可胜数，老百姓求生无路。今天，我来到京城，却看到一片歌舞升平，置国难、民生于不顾，熟视无睹。此情此景，怎不令人痛心疾首！"

众人听后无不扼腕叹息，朝中大政就握在那些昏庸守旧的大臣手中，他们只知道争宠固位，以保荣华富贵，对于内忧外患置若罔闻，只要不涉及个人的利益，对于国家要事纷纷躲闪，置国家、人民于水深火热之中而不顾。

文廷式告诉众人，朝中军机处有一个叫刚毅的大臣，十分顽固愚钝，他有句名言"宁予洋人，勿予家奴"，把全天下的老百姓看作奴隶，生死与自己无关，金钱土地宁可赔给洋人，也不可以给老百姓，身为朝中大臣，竟然说出这样丧尽天良的话。而且，此人十分愚昧迷信，凡事都要占卜一番，根据占卜再行事，荒唐可笑至极。此前有军官前线督战，想要用实弹进行打靶训练，刚毅却说这是浪费军资，用泥丸练习就行，结果泥丸还没有打就碎了，反倒浪费了不少火药。

又有人说，朝中可笑之人岂止这一个。大学士徐桐做寿，门口悬挂着一块板子，上面写满了人名，众人都十分疑惑，上前询问才知道，原来被点名的都是去过西洋，推崇西学的人，徐桐说他们是崇洋叛祖，这么做是为了禁止他们入内。

众人听后既觉得可笑又感到无奈，正在此时，门外的伙计引来了两位客人。其中一位是当时十分有名的传教士李提摩太①，他久居中国，编译了很多介绍西方各国政治、历史的书籍，对维新派的青年产生了较大的影响。还有一人正是强学会的书记员梁启超，强学会的一些重要工作主要就是梁启超带头完成的。

谭嗣同早就熟识了康有为与梁启超的大名，马上上前作揖，简单寒暄之后，二人便对当下时事进行讨论，交换意见。在交谈中，梁启超向谭嗣同详细介绍了维新派的种种主张和目标，以及一些具体的举措，希望能通过变法，改良政治制度，清正朝廷官员；发展工商业，强国富民；开西学，培养新式人才。谭嗣同听后极为赞赏，随即也讲了很多对于西学的认识和看法，对清政府种种昏庸行为进行了批驳，认为国家已经到了万分危难的境地了，再不励精图治，变法自强，我辈就沦为了亡国之奴，流露出深深的爱国之情。交谈之后，梁启超、谭嗣

---

① 李提摩太（Timothy Richard）：1845 年出生于英国南威尔斯，英国浸礼会传教士。于 1870 年来到中国，在山东、东北一带传教。1876 年和 1878 年，山东、山西两地发生了大规模的旱灾，他不辞劳苦为灾民募集救灾物款。在戊戌变法运动中，他与梁启超、康有为建立了较好的个人关系。他以西方文化吸引知识分子和社会上层人士，和许多政府官员，如李鸿章、张之洞都有较深的交往，对中国的维新运动有很大影响。

同二人相见恨晚，当即结为挚友。

在与梁启超交谈中，谭嗣同深受触动，原来有这么一批有志之士对于西学是如此了解。在梁启超描绘的救国宏图中，谭嗣同似乎看见了国家的希望，他隐隐觉得维新之路就是他苦苦寻求的经国济世、救亡图存的道路。

浏阳赈灾

光绪二十一年（1895年），谭嗣同回到浏阳老家给母亲扫墓，此行没有看到记忆中的家乡美景，却是漫山遍野的凄凉景象。

原来这年湖南天气异常，自春季起干燥少雨，遭逢大旱。河流干涸，井里只有黄沙，干裂的土地上寸草不生，春季勉强种下的种子，或干死在土地里，或才发嫩芽就被风干了。到了收割的季节，庄稼歉收，甚至是颗粒无收。百姓家家缺粮，家里的米缸一点粮食都没有，饿到没有办法，百姓只好上山去挖野菜，可是大旱之年山上的野菜也没有多少，只好剥树皮，还有的人吃观音土。这些东西本来就不是能吃的东西，吃下去无法消化，又难以排泄，很多人身患胀肚病而死。

在浏阳河的两岸，很多饿得皮包骨头的逃荒者步履蹒跚，相互搀扶，饿得两眼无神，就连呼吸都显得十分微弱。道路边饿死者更是不可胜数，很多婴儿还在襁褓之中就被活活饿死。看到这样的悲惨景象，谭嗣同十分悲痛，暗下决心一定要想办法救救这些苦难的老百姓。

谭嗣同找到了老师欧阳中鹄和好友唐才常，急切地商议救灾之事，决定以巡抚公子的身份进行筹办。事不宜迟，他向自己的父亲写信，言明湖南大旱的悲惨景象，希望父亲能帮助他募得捐助，暂解燃眉之急。谭继洵看到信后，极为支持谭嗣同的行为，很快就向他寄去了赈灾的钱。谭嗣同拿这部分钱在浏阳城镇内广开粥铺，向老百姓施药施粥。巡抚公子浏阳施粥救命的事，一时间在老百姓中间传为佳话。

但施药施粥只出不进，很快便难以为继了。眼看无法从根本上帮助老百姓渡过难关，谭嗣同又生一计。筹款筹粮毕竟能力有限，谭嗣同便亲自开办矿厂，用赚到的钱换成粮食，让当地的老百姓以工代赈，既解决了无钱无粮问题，又间接发展了工商业，图强致富。在谭嗣同的劳心费力之下，救灾总算有了一定的成效，救济很多贫苦的老百姓。

谭嗣同有条不紊地施行各项救灾举措的时候，好友唐才常带来了一个坏消息。几个月前，谭嗣同与浏阳乡绅们合议办了一个煤矿，如今筹足了经费，前期的探测已经完成了，工人也已经招好了，就差开工了。可就在这个时候，四处买不到粮食，数百老百姓的吃饭问题解决不了，矿石也就难以开采了。

谭嗣同听后心急如焚，要是这个煤矿开不起来，不能图强致富事小，但老百姓的性命事大。谭嗣同想到当地财主富户，难道他们那里也没有粮食了吗？唐才常听后气上心头，怒斥这些财主富户不顾贫苦百姓的死活，将灾年当作自己赚钱的好时机，借灾年缺粮，克扣佃户工钱不说，还偷偷把粮食运到岳州囤粮涨价。

谭嗣同听后沉思片刻，不怒反喜，对唐才常说："你继续筹办开工之事，粮食的事情就交给我吧，近日内必定给你粮食。"

唐才常虽然不知道谭嗣同去哪弄来粮食，却知道谭嗣同向来是一言九鼎。临走时他笑着对谭嗣同说："到时候见不到粮食，我可要上你家来要饭吃的。"

唐才常走后，谭嗣同立刻拍发了一份急电稿给湖广总督张之洞的儿子张立人，约他一起去岳州走一趟。第二天一早便携带家丁赶往岳州。

岳州位于洞庭湖畔，东来西往的船只都要在这里停泊转运，这里可是说是当时水上运输的枢纽，而且此地处于洞庭湖富庶之乡，十分繁华。谭嗣同到达岳州后，没有去拜见官府，而是直奔与张立人约定的地点。

张立人如约而至，两人稍作寒暄之后，张立人便问："此次叫我前来岳州相约，必定是有什么事吧。"谭嗣同便将浏阳大旱、筹款筹粮救灾、以工赈灾以及为何前来岳州的事情一五一十地向张立人说明。

张立人听后二话没说，便言此事包在他的身上，办矿赈灾是救命的事情，不可耽误，并表示他亲自前去，将浏阳运来的粮食押回浏阳就是了。

谭嗣同却认为事情并没这么简单，办矿赈灾是正经事不假，但要是强行将粮食扣押回浏阳，难免显得简单粗暴，倘若对方态度强硬，也没有什么办法，只好作罢。张立人听后沉思了片刻，一拍脑门，想起了父亲张之洞的老部下正在此地，向他借一小部分兵不就万事都好做了。

两人商议之后，张立人前去借兵，谭嗣同则四处打听，试图找到运粮的浏阳船帮，通过船帮找到有粮的大户。很快他便得知，船上的粮食为本县的12家大户所有，为首的是举人刘福堂，这12家大户约定明日宴请岳州官绅，宴请地点就在浏阳会馆。

第二天，谭嗣同和张立人便带十余名侍卫前往浏阳会馆。待他们到达的时候，此时的浏阳会馆内莺歌笑语，觥筹交错，官员乡绅十分快活，正在兴头上。谭嗣同吩咐浏阳会馆的伙计前去通报，将名帖交给刘福堂。刘福堂接过名帖，心中不禁纳闷，这两位公子哥前来是为何事？但他知道这二人虽没有官职，但却是大有来头，不敢怠慢，毕恭毕敬地前去迎接。

刘福堂刚走出前庭，便看到两人站在轿前，身边还有十来名带刀的侍卫，不禁吓得腿肚子发软，低头哈腰地向两人说了很多恭维话。谭嗣同与张立人一脸严肃，默不作声，径直走进了浏阳会馆，刘福堂见势紧跟其后。众人见二人纷纷起身让座，吩咐下人端茶倒酒。

谭嗣同不作声，冷冷地扫视了这一桌上的美酒佳肴说："如今浏阳大旱，缺水无粮，百姓饿死者不可胜数，十分悲惨，你等众人还有心情在这里设宴？今天我来到这里是有事想与几位举人老爷商议，不知道是否方便？"

刘福堂听到谭嗣同提到浏阳后，便觉事情不妙，但不知谭嗣同和张立人二人究竟为何事而来，便硬着头皮请谭嗣同吩咐。

谭嗣同继续说道："如今浏阳大旱，想必你们也都知道了，不必我多言。我本想开矿赈灾，让老百姓以工赈灾。没想到开工之际，却被告知浏阳仅有的粮食被运到了岳州。数百工人正在浏阳等着开工吃饭，稍迟片刻就有更多的饿死者，希望在座的各位能够鼎力相助，让我把粮食买回浏阳。"

刘福堂听谭嗣同讲完来意后大惊。前几日刚到的粮食，正准备借此大赚一笔，没想到此时却被人到门口要粮，舍不得白花花的银子，又不敢得罪二人，只好支支吾吾地说："这些粮食乃是众人所有，我一人实在是不敢做主。"

听刘福堂此言，张立人早就不耐烦了，向他说道："今天你大摆筵席无非就是商量卖粮之事，卖给别人你能做主，怎么卖给我们就如此无能了？在座的哪一位能做主的站出来给我们看看。"在座的众人多为乡绅土佬，哪见过这阵势，一个个早就吓得不敢抬头，更不要说站出来了。这时，有一个乡绅颤颤巍巍地说："这些粮食，刘福堂乃是首户，一切都由他做主，你们商议，我们照做就是了。"

刘福堂听后极为恼火，没想到这些乡绅如此胆小怕事，竟把自己一人推到了风口浪尖上，但他还没有死心，便推托说："货船早就接了其他的活，眼下没有船，无法将粮食运回浏阳。二位公子不如在浏阳当地再想想办法，要方便得多。"

谭嗣同听后哈哈大笑，伸手指向了厅外。原来谭嗣同早就知道刘福堂这人不好对付，事先就与船户商议好了。船户听闻谭嗣同是要运粮到浏阳赈灾，纷纷表示支持。

刘福堂见没有了退路，不禁恼羞成怒，壮着胆子站起来，大声道："这些粮食是我和在座的各位的，是我的私产，两位公子非要收粮，那咱们就在商言商，好好商议一下，你们这样仗势欺人，难不成要我捐粮。"

谭嗣同听后拍案而起，怒斥道："刘福堂，你身为举人，枉读圣贤之书，置浏阳灾民于不顾，囤粮牟取暴利，你这残害百姓的混账东西。"张立人也把桌子一拍："说强迫就强迫，来人哪，把这粮贩子给我拿了！"眨眼间侍卫一拥而上，将刘福堂五花大绑起来。在座的乡绅吓得魂飞魄散，纷纷作揖请罪。

谭嗣同对众人说道："让各位受惊了。如今浏阳灾情危急，你们却在此饮酒作乐，倒卖粮食，从中谋取暴利，难道不怕朝廷知晓此事，拿你们问罪吗？"说完二人便走出浏阳会馆，侍卫押着刘福堂紧随其后。

没有片刻的迟疑，谭嗣同与船户商议，连夜将救命的粮食运回浏阳。此时，唐才常已经根据谭嗣同的安排等待粮食的到来，一旦粮食到达，便马上清点账目，按照官价付给岳州大户买粮钱和船户的运费。

就这样，谭嗣同奔走赈灾，屡生妙计，使得浏阳的大灾得到了缓解，拯救了许多灾民的性命，成为浏阳人民心中的英雄。

第四章　投身新政

暂别京都

谭嗣同刚到北京数日，对于强学会大为赞赏，正准备为维新之事竭心尽力的时候，却突然在京城待不下去了，这是怎么一回事呢？

原来，在光绪帝吩咐帝党组织强学会，准备大干一场的时候，慈禧太后一直派人在背后默默监视，强学会的一举一动都在慈禧太后的掌握之中，她就是想借机看看光绪帝到底能搞出什么花样来。

甲午战败，李鸿章成为民族罪人，备受民众指责，而他正是慈禧太后后党的首要人物，为避风头，缓和民众的不满情绪，慈禧太后暂且将实权交还到光绪帝的手中，帝党在朝廷中的两党之争中才稍占了上风，这才有了光绪帝吩咐帝党组织强学会之事。

慈禧太后眼看强学会越办越大，张之洞竟然还提供资金支持，强学会众人常常聚会，聚会的时候总要谈论时事，对于朝中的官员大为批判，其中甚至还有涉及慈禧太后的言论。最让慈禧太后不满的是这些强学会之人要变祖宗之法，扬言要创一个全新的世界。这一切都让慈禧太后极为恼火，面对日益壮大的维新派，慈禧太后伸出了自己的魔爪。

这一天，慈禧太后秘密召见大学士徐桐，问道："听说皇上最近纵容那些不知道天高地厚的维新党，闹得越来越不像话了，你可知道？"

徐桐虽平日对维新派极为不满，但毕竟是光绪帝所支持的，不敢多言，便说："皇上励精图治，是国家之福，至于如何用人，都是皇帝的旨意，臣不敢多加非议。"

慈禧太后哼了一声，接着说道："你们倒是推得干净，现在只知道皇帝的好，想必早就不把我放在眼里了吧。"

徐桐听后大惊，吓得直磕头道："奴才不敢，奴才不敢！"

慈禧太后这才放缓语气："我知道，这事不关你们的事情，只是皇帝在这朝中还比较稚嫩，难免被一些奸佞之人煽风点火，被人蒙蔽，弄出一个什么强学会的东西，全是造次之言，你作为大学士，也该管管了。"

徐桐得到了慈禧太后的旨意，便肆无忌惮地在官员中间到处煽风点火："这个康有为实在大胆，才来工部几天，就整天叫嚣着变法，想要毁掉祖宗传下来的东西，实在是大逆不道。"听徐桐这么一说，后党随即明白了他的用意，便附和道："就是，就是，这康有为不识好歹，从来不把你我放在眼里，整日煽动变法之事，造谣惑众，不如把他抓了。"

这时有人提醒徐桐此事不可操之过急，说道："康有为极得皇帝的恩宠，当初既能煽动千余人上书，说明他并不是等闲之辈，况且听说他的背后还有洋人撑腰，想要除掉他们，还需要从长计议，现在要做的就是设法剪掉他的羽翼同党，削减其势力。"

徐桐听后沉思片刻，想到了一个人，负责监察官员的御史杨崇伊，此人是李鸿章的亲家。当初李鸿章为讨好皇上，想要给强学会捐钱入会，却被退了回来，李鸿章深以为辱，一直怀恨在心，当时就让杨崇伊伺机进行报复。徐桐找到杨崇伊，让他奏请查禁强学会，理由就是"私立会党，将开处横议之风"。"处士横议"出自《孟子》，指的是没有官职的读书人随意发表政治言论，这在封建专制的顽固派看来是不可容忍的事情。

奏折直接交到了慈禧太后的手中。慈禧太后虽然表面上已经还政给光绪帝，但常常以协助之名，审阅奏章，干预朝政。慈禧太后便趁着光绪帝前来请安之时，拿出奏折，说道："这是御史的奏章，此中言论颇有见地，你好好看看吧。几百年来，祖宗的规矩不可以随便改变，以免毁了基业。皇上你还是把它禁了吧。"

慈禧太后故意不言明所禁之事，要光绪帝照办就是。光绪

慈禧皇太后画像

帝看慈禧太后说得斩钉截铁，没有回旋的余地，只好应允照办。在当时的朝中，慈禧太后势力极大，手段又极为狠毒，对于不听从她的人，轻则下放狱中，重则性命难保。光绪帝就是在慈禧太后的呵斥鞭挞之中成长起来的，对于慈禧太后颇为忌惮。

光绪帝与帝党正在商议如何处置此事的时候，慈禧太后又传来懿旨，指责文廷式"结党营私，妄议朝政"，吏部侍郎汪鸣銮、户部侍郎长麟"出言无状，离间两宫"。光绪帝读后大惊，但又不敢表现出震怒，被迫下令解散强学会，停办《中外纪闻》，将文廷式等几人交到军机处处置。京城的维新运动还没正式开始，就遭到了重创，陷入了低潮。

谭嗣同在京城目睹着这一幕幕，心急如焚，但又无可奈何。京城的强学会被取缔了，很多强学会的成员选择了回乡，继续为维新之事做宣传准备，等待时机成熟再回京。梁启超就南下去了上海，与康有为在上海会合，继续进行维新宣传。梁启超跟谭嗣同告别，两人相约待时机成熟再回京城，共谋救国大业。

谭嗣同没有跟随梁启超前去上海，也没有回到自己的老家浏阳，却准备依照父亲谭继洵的安排，前往南京就任候补知府。

谭继洵一直想让谭嗣同能够走上仕途，复制自己的人生轨迹。在清朝想进入官场主要有三种途径，一是通过科举考试，考取功名，这是正途；二是花钱捐官，这是偏门；三是靠军功入仕。眼看谭嗣同屡次科考不中，对于科考又极为痛恶，谭继洵便有了给谭嗣同捐官的想法，但一直搁置并未着手进行，直到谭嗣同在湖北得罪了当地官场。

湖北有个地痞流氓叫李玉成，整日混迹于街头，呼前唤后，十分嚣张，长此以往却也认得几个洋人，在他们的庇护下，李玉成假冒武大员，到处招摇撞骗，白吃白喝，知事詹某被他骗去了现银1000两，还有票银1000两。詹某发现被骗后，急忙前去银庄保住自己1000两票银。李玉成见票银无法取出，便将票银交给了德国领事，让他帮忙索要。外国领事的介入让此事变得极为复杂，在湖北闹得沸沸扬扬，却没人敢动李玉成，怕得罪了洋人。谭嗣同知道此事后，没有硬碰硬地捉拿李玉成，而是巧妙地通过英国领事从中调解，最后将李玉成等人逮捕惩办。

谭嗣同顺着李玉成查下去，竟然又牵扯出了众多案件，涉及当地官员私自买官卖官、官商勾结、鱼肉百姓等事。当时两广总督张之洞正在此地大兴洋务，是朝廷的重点关注对象，他也想借湖北谋求政治资本。没想到这时爆出这样的丑闻，张之洞极为恼火，暗示当地受牵连的官员诬陷谭嗣同，上奏朝廷。幸好谭嗣同的好友帮忙从中周旋调解，诬陷之事才没有成形，谭嗣同躲过了一劫。

谭继洵得知此事后，责怪谭嗣同做事不够圆滑之外，十分担心谭嗣同再被暗算，便想让他远离湖北，将捐官的事情提上日程，四处寻找合适的机会。恰逢强学会被禁的时候，捐官的事情也已经办妥，谭嗣同被迫听从父命前往南京。

谭嗣同此次能答应父亲前去南京做候补知府，其实还有别的目的。南京是历代帝都，人才辈出，又是太平天国的京都，必定有遗风尚存。谭嗣同想到南京结交豪俊之才，继续为维新之事做宣传组织准备。

强学会被查禁，维新之事遇到了前所未有的阻力，陷入低潮，但谭嗣同并没有因此而消沉放弃。在他看来，倘若维新的道路能够救国家于危难之中，就是上刀山下火海，他也不会有丝毫犹豫，只会义无反顾。

苦著《仁学》

在南京的日子是苦闷的，本就不喜欢官场的谭嗣同，每天要应对各种官场的常规事务，每逢遇到自己所轻视的封建腐朽官员还要作揖，难免要说几句奉承话，看他们溜须拍马，阿谀奉承。偶尔因为父亲的缘故，受到"上官"的接见，同僚们还要在背后议论纷纷，加以猜忌。面对这些，谭嗣同并不感到意外，他对官场的这一切早就做好了心理准备。

他苦闷的是南京名士的避而不见。他本想在南京结交义士，寻找一些维新志士，共商救国的事情，为维新之事做准备，却发现事情并不顺利。南京并非缺乏有志救国的豪侠义士，只不过因谭嗣同的身份，他们都避之不见。封建的清政府政治腐朽，买官卖官的勾当之下，在当时有很多"候补官"，大多都是胸无点墨的纨绔子弟，这些人没有真才实干，贪婪又无能。因而每遇到谭嗣同的拜访，南京的名士一听谭嗣同候补知府的身份，就假借各种理由避而不见了。

虽然被避之不见，但谭嗣同并没有气馁，就在这时，谭嗣同结识了当时暂居在南京的杨仁山。杨仁山曾两次到欧洲，周游西洋各国，对于西方国家的政治体制、科学技术都有所涉猎，回国时还购买了一批科学仪器。在当时封建腐朽的政治环境下，政治上失意的杨仁山隐居南京，利用自己带回来的科学仪器进行科学实验。杨仁山既精通佛学，又懂得自然科学知识，见多识广，观点新奇，谭嗣同经常前来拜访他。

在杨仁山的寓所里，谭嗣同通过天文望远镜，第一次看到了浩瀚宇宙中火星，杨仁山告诉他，火星上的阴影就是山脉。杨仁山又带他看了显微镜，将蚂蚁放在显微镜下，谭嗣同着实被吓了一跳，眼中微小的蚂蚁，突然变成了巨大怪兽，蚂蚁上的每一根毛须都看得清清楚楚。谭嗣同十分兴奋，又极受触动，茫茫宇宙中的一粒星光，在人的眼中十分微小，却是如此的庞然大物，日常中小小蚂蚁，原来长的是这个样子。通过这些自然科学仪器，谭嗣同想到，世界可能并非人们眼中看到的这个样子，自命不凡的人类在浩瀚宇宙中连一粒尘埃都算不上，人世间的争强夺势是多么的可笑。

杨仁山用科学仪器打开了谭嗣同的眼界，开拓了他的思想，本因清闲生活而苦闷的谭嗣同，利用这段清闲的生活，自甘寂寞，静思冥想，开始从事变法理论的研究，开始着手《仁学》的写作。他将佛学、西学、儒家学说等多种学说杂糅在一起，相互印证，想要从多个角度论证变法的必要性。

谭嗣同强调儒学的"经世致用"的思想，学问要为社会服务，学以致用，关注社会现实。谭嗣同还从经学的演变中论证进化论，认为社会的道德伦理、社会政治都要随时代而变化，这样才能适应新的潮流趋势，立于不败之地。

谭嗣同借助西方科学概念"以太"来解释世界的构成。在西方，"以太"被界定为一种可以传导光、热、磁、电的媒质。谭嗣同将"以太"看作是一种无处不在、无所不能的神秘物质，是它构成了整个世界，"以太"是宇宙万物的源头。这种机械唯物主义的思想否定了皇权从天而来的思想。

谭嗣同将"仁"改造，与"以太"相配合，来解释客观世界的复杂现象。他的观点是："以太"是构成世界的基本元素，而元素之间的种种关系就是"仁"，"仁"是天地万物的本源，所以取名为"仁学"。

通过杨仁山涉猎佛学的谭嗣同，从中体会牺牲自我、成就大我的内涵，希望自己能够普度众生，救民众于苦难之中，救国家、民族于危难之中，从中感悟舍生取义的精神，他决心为了救国救民之事万死不辞。

在《仁学》一书中，为世人所称道的是谭嗣同发出了"冲决网罗"的呐喊。谭嗣同探究中国三纲五常形成的历史脉络，论证其本质就是维护封建阶级统治的工具，在历朝历代不容置疑，造成了许多人间悲剧。

谭嗣同从自身的痛苦成长经历中深深感受到三纲五常的可恨之处，是对个体的压迫与束缚。这种三纲五常的束缚让人规规矩矩地按照封建统治的秩序生活，培养了腐朽无能的封建阶级，封建阶级借此压迫人民，人民深受其害。君以三纲五常来约束臣，官吏以三纲五常来欺压百姓，父以三纲五常压制儿子，丈夫以三纲五常禁锢妻子，社会等级森严，毫无自由可言。因为三纲五常，人们要去做不喜欢做的事，没有个体的自由，在压抑中生活。

谭嗣同对于三纲五常的核心"三纲"进行了逐一的批判，在他看来，君为臣纲，父为子纲，夫为妻纲是极为有害的。

谭嗣同将中国传统文化中的"民贵君轻"与西方天赋人权的思想进行比较，谭嗣同认为先有民，后有君，民才是本，这就打破了封建统治所宣扬的"君权神授"的学说，封建帝王并不是什么"真龙天子"，而是来自于民。民可以推举君，也可以废除君，因为君的权威权力来自人民，而臣就是辅助君王为人民办事服务的。天赋税收来源人民，就应该取之于民，用之于民，而不是用于奢侈享乐上。历朝历代君王不乏残暴者，秦朝暴政，秦始皇焚书坑儒，惨死者不可胜数。为了满足君王开疆拓土野心，多少将士就要战死沙场，老百姓就要陷于水深火热之中。就是这样的君王，以天的名义来欺压百姓，将对老百姓的残害归结为天命，而老百姓还要对君王保持"忠心"，这是极为荒唐的事情。在谭嗣同看来，"忠心"中的"忠"就是中心的意思，将自己居于中心，是忠于自己。倘若要民对君忠心，君就要对民忠心，如果君是一个贪婪的昏君，还要民对其忠心，那就是助纣为虐。

谭嗣同言前人之不敢言，从根本上否定了"君权神授"的学说，强调人民的作用，其中包含着君权来源于民的观点，为民主观念的传播和民主制度的探索开辟了道路。

对于父为子纲，谭嗣同首先认可了中国传统文化中的"孝"。"孝"的观念源远流长，《孝经》中"百善孝为先"更是把"孝"当作人性中"善"的最重要的内容。在谭嗣同看来，"孝"的观念确实有很多合理的成分，对社会的发展和社会秩序的稳定都起到了积极的作用，但将"孝"教条化后的父为子纲，就成了远离正义与真理的枷锁。

谭嗣同本身对于父为子纲的危害性就有切身的体会，因为父亲的要求，他自幼违背自己的兴趣，习八股，考科举，多次失败也被看作是不孝的表现，遇到父亲的责骂容不得半点争辩，否则就被看作是对父亲的不敬。父与子应该是平等的个体，互相尊重，父亲为孩子铺好了发展的道路，十分不易，但也应该尊重孩子自己的选择，不应该是强迫压制的。

在封建伦理纲常中夫为妻纲是流毒最广、影响最深的观念。几千年来，"夫为妻纲""男尊女卑""饿死事小，失节事大"如同三座大山，对妇女进行压制。尤其是广为宣扬的三从四德，要求妇女"未嫁从父、既嫁从夫、夫死从子"，实际上将女性当成了男性的奴隶，剥夺了女性的独立意志。

谭嗣同大呼妇女解放，封建社会将妇女严厉管制，要求她们足不出户，禁锢她们的人身自由；为了满足男性畸形的审美喜好，就让妇女缠足，残害她们的身体；为了满足男性自私的愿望，就让妇女守寡守贞操，禁锢她们选择生活的自由。可恶的三纲五常更是将这一切看作是天经地义的事情，不容妇女有丝毫的反抗。

谭嗣同呼吁男女平等，他提出在西方的社会里，婚姻是自由的，男女平等地选择自己的配偶，是没有什么"父母之命"的，完全是两相情愿的。在中国家庭中的重男轻女，是为了满足男权的私欲，人为地贬低妇女的地位，是对女性的残暴压制。

谭嗣同对于三纲五常的批判，从根本上否定了封建社会进行统治压制的不合理秩序，其思想中包含平等与自由的观念，促进了人们思想的解放，贯穿在他日后的变法维新活动中的种种主张措施。

对于三纲五常的批判只是谭嗣同冲决网罗中的一部分，并不是全部。谭嗣同要冲决的网罗包括功名利禄、庸俗的学问、政治的压迫、世俗伦理纲常的禁锢、天命的观念、宗教的束缚等，他就是想要创造一个自由平等的世界。

上海茶会

光绪二十二年（1896年）的五月，谭嗣同突然对妻子提议去钟山游玩。此时，谭嗣同已经到南京做候补知府近一年了，虽潜心冥思、埋头写作，著成《仁学》一书，但门庭一直冷冷清清，显得颇为寂寥，用他自己的话说"做吏一年，无异入山"。此次提议出行，妻子李闰觉得出去散散心也好。

让李闰颇为奇怪的是，丈夫并没有去欣赏灵谷、汤泉这样的钟山美景，而是沿着一条山间大道，直接向明朝开国皇帝朱元璋的陵墓奔去。清军刚刚入关之时，为了安抚汉民，特意下诏将明孝陵保留了下来，在残酷的文字狱之后，便很少有人前来吊唁了。

谭嗣同此行前来却还有别的目的，农历五月二十三是太平天国运动发起者洪秀全的忌日，32年前的这一天，眼看太平天国天京陷落，洪秀全就是在这里自刎含恨而死的。在谭嗣同看来，国家危难之时，为了救百姓于水火之中，洪秀全揭竿而起，想要创造一个求平均的社会，带领民众反抗清朝的封建统治，鞠躬尽瘁死而后已，是值得敬佩的。

联想到今天的自己，谭嗣同的内心百感交集，自太平天国运动失败之后，民族危难日益加深，到如今备受他国的凌辱，作为中华儿女，竟眼睁睁地看着国家衰亡，没有任何作为，令人痛心不已。自己并非没有救国之志，无奈强学会被清廷查封，维新志士大多流落各地，不知何日才能实现自己的爱国救国之志。想到这些，谭嗣同感到无比的惆怅。

正在愁闷之时，谭嗣同碰到了同时前来吊唁的名士王韬。生逢乱世，眼看着国家衰亡，王韬早年便投奔了太平天国，但在他刚刚崭露头角之时，太平天国就覆灭了。王韬无奈只好出国游学，就是要看看西方列强到底强在哪里，对于西方的历史演变、政治制度颇有研究。回国后他担任《循环日报》的主笔，将欧、美、日等国的情况与中国作对照，大力抨击洋务派所提倡"中学为体，西学为用"的主张，认为只是欺人之谈，只有改旧制才能实现强国。

在当时，谭嗣同已经是小有名气了，还有"全国著名四公子"之一的美名，王韬早就知道他了。两人一见如故，聊得甚为投机。两人都有志救国，难免对时事进行讨论，在他们看来，中华大地并不缺乏有志之士，但没有一展身手的环境，封建腐朽的旧官僚掌握着实权，一看见西方新学问就要极力诋毁排斥，对"维新"活动更是残酷压制。

王韬告诉谭嗣同："不久前，广东出了一个能人志士，却遭到了李鸿章的冷遇，令人惋惜。此人名叫孙文，字载之，常以中山为名。"原来，孙文的哥哥在美国檀香山经商，早年受哥哥的资助，孙文游学海外，对于西方民主政治颇有见地。甲午战起，国家危难，他心急如焚地写了一份万言书，找到王韬，想通过他将这份万言书交到李鸿章的手中。李鸿章收到后，竟扔到了一边。孙文满腔热忱，却报国无门，决心继续革命之事，便到国外做准备去了。

谭嗣同听着孙文的遭遇，想到自己来到南京与流放无异，虽著书立论，却没为拯救国家危难做几件实事。虽然不敢丢弃救国之志，也找到了前进的方向，却苦于没有好的机遇，时光在荒唐的官场生活中不停流逝。目睹民族危难日益加重，国家被列强欺辱，人民生活苦不堪言，谭嗣同暗暗决定，再也不能继续等待了，必须要打起精神，为维新之事，为救国大业，全力以赴。

从钟山归来，谭嗣同从友人那里了解到，上海现在是变法维新的活跃地区，维新派人士黄遵宪、梁启超等人此时都在上海，建立了强学会上海分会，还创办了《时务报》，宣传维新之事，启迪民心。恰逢梁启超等人在上海举办茶会，给谭嗣同发来电邀，谭嗣同欣然前往。

这次茶会因胶州湾事件而起。德国作为后起的资本主义强国，在1870年代初完成全国统一之后，就开始积极向外扩张，加入了列强在中国的争夺和角逐。早在1870年代，德国地质学家就建议德国占领胶州湾，认为胶州交通方便，有煤田，还有大量的廉价劳动力。德国对胶州湾窥探已久，终于在1897年等来了机会，德国两名传教士在山东被当地的大刀会成员杀死，三艘德国军舰突然驶进胶州湾，在不到24小时的时间里，舰上官兵占领了青岛。

梁启超率先发表意见，他认为德国这次强占胶州湾就是野蛮的掠夺，但清廷本身的军事实力不足以与德国相抗衡，应该联英抗德。在历史中，英国曾多次救友邦于危难之中，可以说是一个值得信赖的盟友。

这时，从人群中站出一个不留辫子、西服革履的青年，他名叫容闳，是美籍华人，与孙中山来往密切。他说，英国是对

德军抢占胶州湾

1897年德国侵占青岛后发行了为数众多的丑化、辱华和
粉饰侵略的漫画明信片

外殖民的老牌帝国，第一次鸦片战争就是由英国发起的，不仅如此，英国在印度、缅甸等地多有殖民地，不难看出英国喜好侵占他国。倒是美国作为新兴之国，国家以自由民主为纲，应该联美为主。

话音未落，又站出一青年，满怀激情地向众人介绍了孙中山领导的广州起义，认为要挽救危局，不能只指望西方国家的帮助，应该通过革命推翻清朝的封建专制统治，将这腐朽不堪的满清官僚一扫而净。梁启超告诉谭嗣同，这个青年就是孙中山的门徒，革命党人陈少白。

维新人士黄遵宪却认为流血革命在当时是很难实现的，太平天国历时十三年之久，一度攻陷了南京，大有北上之势，却也以失败告终，流血者不可胜数，孙中山在广州起义，也是惨遭失败后，才辗转到海外继续革命事业。由此可见，流血革命是很难成功的。我们不如效仿日本的明治维新，自上而下，实现变法革新，尽量避免大的社会动荡。

说到明治维新，席间站起了一位日本来宾，名叫神尾宇都宫，是代表日本文化界参加这次上海茶会的。他向众人介绍，日本的明治维新的真正推动者其实是一位普通国民，当时幕府统治下的日本黑暗贫弱，他有感于此，每天跑到街头进行演讲，说到动情之处，常常痛哭流涕，这才感动了许多爱国人士，大家组织在一起，倡导变法，协助天皇进行革新，经过十多年的努力，这才有了明治维新后的国家崛起。如今，在座的各位，为了国家的兴亡不顾个人的生死，有此爱国救国之志，强国目标指日可待。

在茶会上，大家畅所欲言，发表自己的观点，为如何救国强国议论纷纷。有的人建议科教救国，大力发展科学教育，在向海外输送留学生之外，还要革新旧学，开办新学，培养新式人才。有的人主张推广武术，强身健体，改变国人软弱无力的现状。开放而激烈的讨论让谭嗣同无比兴奋，也让他看到了救国强国的希望。

实业救国

在谭嗣同的救国策略中，他将发展资本主义工商业作为强国的一个重要组成部分，强国不仅要军事强，能够抵抗外来的侵略者，还要国力强，发展资本主义工商业，让老百姓的生活更加的富足。

尤其在当时，腐败无能的清政府在战败之后签订赔款割地的条约，仅《马关条约》就要赔偿日本2亿两白银，相当于当时清政府四五年的税收，这个重担自然也就压在了老百姓的身上，加上频发的战火和天灾，正常的劳动生产活动经常受到破坏，不要说按时交租交税了，饿死人也是常有的事。

谭嗣同在浏阳赈灾时，曾采取了开矿救灾的良策，给了失去土地和庄稼歉收百姓工作机会，让他们以工代赈，通过开矿劳动养家糊口，取得了很好的效果，谭嗣同也初步尝到了发展资本主义工商业的甜头。

其实，早在1886年的时候，谭嗣同就曾随同父亲到天津考察。天津是北洋重镇、口岸城市，展现在谭嗣同面前的俨然是一副现代化新城的样貌，洋房林立，马路纵横，有西方各国的领事馆，有外国人开办的银行，还有很多国际贸易工厂公司，一派繁荣景象。谭嗣同还专门参观了新引进的技术和设备，见识到了资本主义工业文明的成果，十分惊叹。

但在当时，发展民族资本主义工商业是十分困难的。中日甲午战争之后，西方列强在对华侵略的基础上，进一步扩大在华的权益，不仅开放了工商口岸，还获得了在华建厂的准许，西方列强的资本输入，直接将中国当成自己的工厂，利用中国廉价的劳动力，加快资本的流动。中国的民族资本主义一方面要应对西方列强的竞争，一方面还要面对封建官僚的敲诈勒索，贪得无厌的封建官僚将工厂当作自己敛财的金库。外国工厂享受清政府的优待，然而中国工厂却捐税繁多，本就资金紧缺、技术较为落后的中国工厂在重重重压之下，经常亏损，甚至是破产，在夹缝中艰难生存。

谭嗣同心里很清楚，虽然有重重困难，但发展中国民族资本主义经济是必须要进行的。倘若只是守着自给自足的小农经济，百姓的生活难以改善，甚至是难以生存，国家贫弱，国力难以昌盛，更不要说强国以抵御外辱了。

湖南巡抚陈宝箴对于谭嗣同的实业救国的想法极为赞同，

便亲自奏请清政府设立湖南矿务总局，牵头发展湖南的矿业。谭嗣同听到这个消息后极为高兴，便即刻动身从南京前往湖南，与其商谈创办矿业的具体办法。

湖南矿务总局成立后，谭嗣同与老师欧阳中鹄、好友唐才常等人受命共同筹建湘矿。几人便着手开始物色矿师，对当地进行矿石勘测，购买机器，对于各个环节进行缜密的规划，非常周详，以期获得成功。

唐才常告诉谭嗣同在浏阳东乡勘探到了"安的摩尼"（锑）矿石，经过多次检验，是十分难得的优质矿，谭嗣同极为高兴。唐才常主张纯粹私人资本经营，但湖南矿务总局决定接收"安的摩尼"矿，并改为"官矿"，这让谭嗣同极为不满。

原来，湖南矿务总局将企业分为官办、官商合办和官督商办三种形式进行经营。官办、官商合办的矿业，由湖南矿务总局派专员进行主持；官督商办的矿业，商人自己进行管理，但湖南矿务总局需要分享利润抽税。

由于官办、官商合办的矿业由官员专员管理，管理的专员对于经营并不擅长，还屡屡出现徇私舞弊的现象，生产的积极性极低，经营不善，常常使矿业陷入濒临破产的局面。而商人独立创办的企业，按照较为先进的管理经营模式进行生产，往往能获得更多的利润。

谭嗣同为"安的摩尼"矿的事情奔走呼告，希望能够保留其私人资本经营的模式，但无奈于湖南矿务总局的压力，最终还是变成了"官办"。官办后的"安的摩尼"矿由于朝廷专员的中饱私囊，压制私人投资等问题，经营惨淡，只能苦苦支撑。

除了积极推动矿业的开发，谭嗣同还热心于帮助人们接受新事物新产品。有工厂专门生产电灯，帮助人们淘汰落后的煤油灯，为减小人们的排斥，在大规模推行之前，先是在府衙内进行改装展示。但在推广到全城的时候，还是受到了人们的非议，人们认为新奇的电灯会有损害人的健康，容易引发火灾等问题。为此，谭嗣同专门写了一篇《论电灯之益》，消除人们的疑虑。

在谭嗣同的努力之下，浏阳兴起了很多民族资本主义企业，当地经济得到了发展，对于百姓的生活也得到了一定的改善，但很多类似"安的摩尼"矿的事情发生，不断提醒着谭嗣同，备受压榨的民族资本主义工商业很难得到充分的发展。

在与许多有志实业救国的企业主交流时，谭嗣同发现他们对于封建官僚的压榨勒索都表示了极大的愤慨。企业刚刚起步之时，不仅没有得到政府的支持，反而是捐税的名目众多，很多企业本身起步资金就比较匮乏，常常还没有经营起来，就胎死腹中了。经营越来越好的资本主义工商业，又会面临封建政府的强行收编，企业主无奈地失去企业的经营权，看着苦心经营起来的企业被封建官员弄得濒临破产，痛心不已。

这些残酷的事实告诉谭嗣同，想要实业救国，就必须改变资本主义工商业的政策，给予民族资本主义工商业最大的自主权，扫清发展的障碍，为民族企业的发展提供保障。然而，要实现这一切，就必须改变封建腐朽的政治体系，实行政治上维新变革。

不缠足会

在中国古代，男权社会下男子具有绝对的权威，女性一直是被残暴压制的一方，甚至有"三纲五常""三从四德"这样的理论作为支撑，纵容男性对女性的残酷压制。女性沦为男性的奴役，成为男性的附属品，没有平等与自由，生活极为悲苦。然而在社会的整体压制下，女性不敢有丝毫的反抗，不敢质疑这样的"传统"。

维新之事就是要改变社会风气，去除社会中不合理的部分，改变封建社会的陋习，将人们从封建的牢笼中解放出来，接受新事物、新生活。

由于男性畸形的审美，当时的女性要用长布条将脚紧紧缠住，使脚畸形变小，社会以此为美。在缠足时代，大多数妇女从四五岁起便开始裹脚，一直到成年之后，骨骼定型，才能将布带解开，也有终身缠裹，直到老死之日。如此残忍地将女性的脚骨折成三寸金莲，让女性承受着巨大的身心痛苦。

女性缠足的陋习由来已久。缠足兴起于北宋，当时统治阶级觉得小脚要比大脚精致，但宋代的缠足只是把脚裹得"纤直"，但不弓弯，并不会将女子的脚人为地折断，在宋代开始流行的缠足逐渐演变为残害女性身心健康的陋习。从元代开始，缠足继续向纤小的方向发展。明代的缠足之风进入兴盛时期，出现了"三寸金莲"之说，要求脚不但要小至三寸，而且还要脚弓折断。清军入关之时，由于满族妇女是不缠足的，清朝统治者一开始反对缠足，但由于缠足之风根深蒂固，不但没有改变缠足的陋习，清代的缠足之风还蔓延至社会各阶层的女子，不论贫富贵贱，都纷纷缠足。

在当时，女子脚的形状、大小成了评判女子美与丑的重要标准。作为一个女人，是否缠足，缠得如何，将会直接影响到她个人的终身大事。人们在娶妻的时候，都要以女子大脚为耻，小脚为荣，认为小脚是美的代表。"三寸金莲"之说更是深入人心，甚至还有裹至不到三寸的。以至出现女子因脚太小行动不便，根本无法正常走路，进进出出均要他人抱，被称为"抱小姐"。

女子缠足不仅残忍地伤害了女子的身体，让她们承受巨大的痛苦，还限制了她们的人身自由，小脚行动不便，她们真正

不娶缠足女子徽章

成了大门不出二门不迈的封建女性，一生都被锁在封建专制的牢笼之中，从未品尝过自由平等的生活。

西方自由平等之风传入后，维新派急于解放人们的思想，而女子解放就是其中的重要组成部分。早在1887年，康有为在广东省南海县与当地开明士绅区谔良一起创办了"不缠足会"，但创办不久，便受到了当地民众的强烈反对，最后闹到官府，被勒令解散而失败。1895年，康有为与康广仁再次在广东成立"粤中不缠足会"，康有为的女儿同薇、同璧带头不缠足，这次的尝试取得了不错的反响，得到了当地女性的积极响应。

1897年后不缠足运动得到迅速发展。这一年广东顺德县组织不缠足会，入会人数多至百人，梁启超还专门为此写了一篇《戒缠足会叙》，批判了缠足这种陋习的种种危害，倡导女性以不缠足去解放自我。

同年，谭嗣同、梁启超、康广仁等筹划在上海成立不缠足会，倡导妇女解放，推进维新变法。不缠足会制定的《试办不缠足会简明章程》中，明确规定了凡是入会的人所生的女子，都不能缠足；凡是入会的人所生的男子，都不能娶缠足之女；已缠足的女子八岁以下者须一律放足。

此章程在《时务报》一登出就在全国范围内引起了强烈的反响，很多人写信予以支持，为了推进不缠足运动的进一步发展，有人建议给不缠足的女子以物质奖励，有人要求创办女子学校，培养新式女性，促进女性解放，有人主张上书朝廷，下令禁止缠足陋习。

谭嗣同收到了湖南家乡的来信，当地的有志之士准备创立湖南不缠足会，谭嗣同予以支持，还亲自撰写了《湖南不缠足会嫁娶章程》，宣传婚姻自由，提倡男女平等。除此之外，谭嗣同还组织人们上街游行，公开展示不缠足的好处。

谭嗣同在积极参与不缠足会的同时，鼓励自己的妻子李闰积极从事不缠足会的活动。在谭嗣同的鼓动之下，李闰联合康广仁的妻子黄谨娱在上海成立了中国女学会，并出版了中国第一份女子杂志《女学报》，批判封建伦理纲常，提倡妇女解放，追求平等与自由。

由谭嗣同等人发起的不缠足运动，虽然不是直接的维新变法活动，但对于开化社会风气，转变人们的思想，促进妇女解放，起到了重要的作用，为日后的维新变法起到了铺垫作用。

弃官回湘

有志于维新之事的谭嗣同，在南京的候补官场多待一天就多受一天煎熬，虽能经常往返于南京上海之间，参与维新活动，但终究不是长久之策。在官场的所见所闻让谭嗣同心灰意冷，身在候补官场，常常身不由己，处处受到限制，不能去实施自己的维新措施，谭嗣同感到十分沮丧，萌生了辞去候补知府官职的想法。

谭嗣同一直希望自己的父亲能够支持自己的维新活动，甚至是参与进来。《蒙学报》曾经找到谭嗣同，希望他能劝自己的父亲谭继洵提倡"蒙学"，推动社会风气的开化，谭嗣同十分为难，并不是不愿劝说父亲参与其中，而是深知父亲是不会听从的。后来，农学会提倡根据环境种果树，饲养牲畜，种植五谷等措施，通过农业改革，保障百姓的生活需求，谭嗣同极为支持，便力劝父亲参与，但父亲多次拒绝，并称不愿与之同流合污。《时务报》缺乏经费的时候，需要筹集款项，谭嗣同答应做父亲的工作，谭继洵接到信件后，未作回应，分文不出，谭嗣同只好自己想办法筹集了一部分资金。

很多不知情的维新人士以为谭嗣同不愿出力帮助维新之事，在背后议论纷纷。谭嗣同对此颇为无奈，只好解释其中的缘由，自己的父亲为官多年，对于维新之事缺乏了解，不敢贸然支持，以后定有转变的那一天。其实，谭嗣同知道父亲谭继洵是绝不可能支持自己的维新之事的，自己在南京候补官场难免会遇到父亲的阻挠。

正在此时，德国派军舰强行占领了胶州湾，逼迫清政府割让土地。俄国见势假借阻击德国为由，出兵旅顺口，强迫清政府将旅顺、大连划作租地。此后，英国强租新界，法国强占广州湾。外患加重，帝国主义国家不再遮遮掩掩，侵占中国之心日益彰显，掀起了瓜分中国的狂潮。

爱国志士见国家危难日益加重，纷纷行动起来。康有为匆匆赶赴北京，向光绪帝第四次上书，请求立即变法，挽救危难。康有为提出了上中下三套变法方案，上策是效法法国、俄国、日本，改变政治体制，实行君主立宪制，可以强国；中策是重用朝中的有识之士，进行变法，但不改变政治体制，可以缓解危局；下策是由各地分别进行变法，寻求出路，可以维持现状。康有为认为，只有进行变法，才不至于亡国，不变法，中国就没有出路了。

光绪帝不愿做一个亡国之君，于是让康有为统筹全局，进行变法。北京城再现变法的热潮，在康有为的努力下，粤学会、蜀学会、关学会等相继成立，大力推进维新运动的开展。

谭嗣同目睹着帝国主义列强的欺辱，痛心于腐败无能的清政府毫无抵抗的能力，又深受康有为等人的鼓舞，急迫地想救国家于危难之中，从事维新之事，改变国家现状，强国救国，抵御外辱。他在《湘报》上发表文章，疾呼国家已经到了极其危难的时刻了，变法图治已经到了必须的时候了。

但是，谭嗣同深知在晚清政府的黑暗统治之下，仅凭一己之力是不可能实现维新事业的，想要一下子改变整个中国也是不可能的，维新之事必须现在一地兴起，用实际的效用影响其他地方，将维新之事扩散开来。他将目光投向了湖南，湖南巡抚陈宝箴在黄遵宪等人的辅佐之下，正在湖南推行维新之事，湖南的变法氛围十分浓厚，谭嗣同决定辞官回湘。

就在谭嗣同准备辞官回湘的过程中，还出了一个小插曲。谭嗣同并未按计划的时间回湘，而是在春节过后急急忙忙地离开了南京。原来，他接到了陈宝箴的信件，邀请他与张之洞等人一起赶赴日本，进行外交活动。

在当时，帝国主义为了争抢在华的权益，形成了两个派别，一个是俄、德、法集团，一个是英日集团。刚刚爆发的胶州湾事件中，德、俄疯狂争抢在华权益，将胶州湾、旅顺、大连变成自己的租地，这让英日集团极为不满。英日集团为了对抗俄、德、法进一步在华扩张，当即表示支持"帝党"。

谭嗣同对此分析，无论是俄、德、法，还是日英，其狼子野心路人皆知，但如今的局势，面对俄、德、法的疯狂侵略，清政府没有丝毫的办法，任人宰割，备受凌辱。当下之际，首先要做的就是遏制俄、德、法的进一步侵略扩张，既然依靠自身实力难以抵抗，就不如借日英的力量与之抗衡，暂缓其侵略的步伐，让帝国主义列强形成均势，相互牵制，给予我国维新变法的时间。

就在谭嗣同赶赴与张之洞约定地点之前，他去日本的消息传到了谭继洵的耳中。一向反对儿子进行维新之事的谭继洵找到了张之洞，极力劝说张之洞，不让其带谭嗣同前往日本。其实，谭嗣同与张之洞在政见上存在分歧，此次日本之行是在陈宝箴的极力推荐之下才成行的。张之洞随即应允了谭继洵的请求，以时间紧迫为由，取消了日本之行。

谭嗣同就这样失去了前去日本进行外交活动的机会，他转道直接奔赴湖南，决心要在湖南为维新之事鞠躬尽瘁，救国家于危难之中。

湖南革新

在谭嗣同回湘之前，陈宝箴已经在湖南施行过一些"新政"，获得了不错的反响。但由于种种限制，这些新政的内容与之前洋务派的措施没有太大的区别，有很大的局限性，并不能满足人们对于革新的需要，湖南维新志士亟待谭嗣同归来，实施更为彻底可行的新政。

谭嗣同回到湖南后，稍作调整，便马不停蹄地投入到湖南新政的运动中。时务学堂是湖南新政的重要内容，在谭嗣同到来之前，时务学堂其实已经建立起来了，但是存有很多的问题。

陈宝箴与家人在南昌合影，居中坐者为陈宝箴

时务学堂起初是由湖南当地的乡绅王先谦提议，经陈宝箴批准后创办起来的。王先谦曾担任过长沙城南书院和岳麓书院的院长，一向以维护封建旧学为己任。西学东进之时，王先谦认为湖南当地的人文极其兴盛，有深厚的底蕴，如果现在中国要学习西学的话，湖南要走在前列，虽明确提出要学习西学，但时务学堂的教学要求仍是"中学为体，西学为用"的洋务派宗旨，取西学之长，辅中学之短，但必须要以中学为根本。

在这样的办学宗旨下，时务学堂虽名时务，却充满了浓厚的旧学气息。在时务学堂的章程中，要求学生必须是在通晓中国经文大义的前提下从事西方文化的学习，教育的方法仍旧是修身、齐家、治国、平天下的旧学老路。用旧学的方法学习新学，目的还是为了完善旧学，对于新学的教授常常存在浅尝辄止、故意歪曲的问题。在这样的办学宗旨下，学堂根本培养不出维新变法的新式人才。

谭嗣同走进时务学堂的庭院，听到的却是旧学的诵读声，舒展的眉头皱了起来。他不多言，在一旁听了几节西学课，却发现常有故意歪曲的地方，让西学为旧学宗旨服务而生拉硬拽地解释，更是让他觉得哭笑不得，十分无奈。谭嗣同看到时务学堂虽提倡新学，却是一片死气沉沉的样子，于是他决心从时务学堂开始，改变这死气沉沉的"新学"环境。

谭嗣同白天在时务学堂了解课程安排、招生情况等事项后，不觉中天已经黑了，忙碌一天的他并未回到住所休息，而是直接赶往好友唐才常的住所。久别重逢，两人喜不胜收，谭嗣同开门见山地说："伯兄，你可知道时务学堂？"

唐才常一听时务学堂，对于谭嗣同此次前来的目的也就知晓几分了，便说："倡导新学的时务学堂，是湖南'新政'之风的重要部分，众人皆知。今天，你深夜到访，想必是有事与我商议吧。"

谭嗣同接着说道："在时务学堂之中，守旧的王先谦等旧学代表凭借创办人的身份，想要全面操纵学堂的大小事务，很多教师教书做事看王先谦的脸色，遇到事情胆小如鼠，在维新和守旧之间徘徊，犹豫不决。仅有的新学代表梁启超势单力薄，在时务学堂的决策中没有话语权，根本无法按照自己的意志行事，在教学中处处受到限制。我今天前来，便是邀请伯兄去做教习，助我对时务学堂改弦更张。"

唐才常早就听闻时务学堂中旧学浓厚的情状，虽有不满，但苦于没有合适的时机参与其中，此次谭嗣同的相邀正符合唐才常的想法，便欣然接受，与谭嗣同一起成了时务学堂的新教员。

此后，谭嗣同经常与唐才常、梁启超在时务学堂商议如何办学的事项，鼓励和支持他们在教学中宣扬变法理论。在谭嗣同的鼓舞下，梁启超也渐渐放开了手脚，经常在学生的作业中写一些民权平等的批语。

在谭嗣同的影响下，梁启超的思想也渐趋激进。在来到湖南之前，梁启超的维新变法思想主要停留在康有为所提倡的改良主义范围之内，在读到谭嗣同《仁学》中激烈的反清言论之后，梁启超对此十分赞赏。梁启超后来就说自己受谭嗣同"影响至巨"。

谭嗣同在自己的授课过程中，结合《仁学》，向学生深入浅出地介绍和分析了君民关系和三纲五常的内质，阐明了理想的社会关系，同时指出封建王朝清政府的残暴。谭嗣同将《扬州十日》和黄宗羲的《明夷待访录》的重要部分用活字印出，加上批注，分发给学生，给他们灌输民权和反清革命的思想。

谭嗣同的到来让时务学堂风气大变，改变了"中学为体，西学为用"的教学宗旨，取而代之的是学习新知识，接受新思想，用新学打开了学生的眼界，不仅了解世界，更关注当下，将求学与救国紧密地联系在一起。在之前的时务学堂，没有人敢公开谈论革命变法的事情，更不知道民权的重要性，谭嗣同改变了这一现状，经常与学生谈论国际时事，介绍西方的民主革命与变法的斗争，主张效法西方来变法中国，救国家于危难之中。在谭嗣同的影响之下，时务学堂出现了一批以爱国救国为志向的新式人才。

在改变时务学堂之风的同时，谭嗣同创办了南学会。早在谭嗣同来湖南之前，南学会就开始筹办了。

在当时，学会之类的组织常常是由爱国志士创办的反清民间组织，因而清政府对于民间学会组织十分敏感，当地官府会进行严格的审查，严密的控制。陈宝箴作为湖南巡抚之所以能同意南学会的创办，初衷也是为了能够缓和人民群众进行反帝国主义的斗争。

随着西方势力的深入内陆，湖南等地的洋人越来越多，教堂、工厂纷纷建立起来，由此而产生的中外人民摩擦不断，有民众见洋人在中国的土地上横行霸道，便聚集群众对洋人进行反抗。陈宝箴认为这是由于人们受到好事者的蛊惑才参与其中的，是被煽动的，他认为只要建立南学会，通过乡绅的广为开导，就可以避免民众与洋人的冲突。不难看出，南学会设立的初衷是为了缓和人民群众的反帝爱国主义斗争，保护帝国主义在湖南境内的教堂和洋人，起不到维新的积极作用。

谭嗣同接手南学会，看到此番景象，并没有选择直接进行大刀阔斧的改革，而是通过赋予南学会新的内容，以此改变南学会的现状。陈宝箴倡导创办南学会的一个初衷就是对民众"广为开导"，谭嗣同便依此规定每月定期开会讲学，名义上是按照陈宝箴的要求进行"广为开导"，实际却是另一番景象。

谭嗣同安排黄遵宪主讲政教，皮锡瑞主讲学术，邹代钧主讲舆地，自己主讲天文。在开讲之前，谭嗣同分别找到主讲人，大谈国家危难，倡导民众觉醒，授意主讲人将自己所讲与时事结合起来，为维新之事服务。

谭嗣同自己更是慷慨论天下事，疾呼国家已经到了存亡之际，外有帝国主义虎视眈眈的野蛮侵略，内有封建王朝的残酷压制，若不再觉醒救国，国家将成为洋人的天下，我辈沦为亡国奴，成为洋人的牛马奴役，成为历史的罪人，倡导大家团结起来，共赴国难。在场的听者群情激奋，十分感动。谭嗣同通过南学会开风气，取得很好的效果。但谭嗣同的目光不仅在湖南，更是在整个国家，先开湖南救亡之风，以此带动开全国参与其中，力图掀起全国的变法维新运动的高潮。

谭嗣同不仅在南学会之中开湖南风气，还有一个大胆的设想，让南学会在一定程度上起到"议院"的作用。谭嗣同对于西方国家的议会制度十分赞赏，认为议会让普通民众有了机会参与到决策之中，获得了权利。在谭嗣同看来，实施新政的关键就在于"平权"，官吏不可以凌驾于民众之上，必须要进行平权，赋予民众议事办事的权利。

谭嗣同在南学会中进行民权试验，开设议院，把南学会作为全省的总学会，在府厅州县设立分学会，官府的决策要与学会商议之后才可以具体实施，如果有不同的意见，取多数意见听从；民众想要进行维新活动，先要提交分学会进行商议，再上交总学会。按照谭嗣同的设想，南学会应该具有制定法律的立法权、决定政事的行政权等。

这个大胆的设想最终并没能实施，因为南学会中的成员复杂，意志不统一，有人听到这样的设想，便不再来参加南学会的常规集会，或不敢开口多言，更有人明确反对，认为这种大胆冒进的设想并不适合中国现状，官府根本不会放权，"平权"

的想法很难实现。

南学会成立后，团结了一批要求革新的爱国志士，会友最多时达到一千二百多人，其中骨干有二百余人，南学会实际成为了一个具有地方政党色彩的团体。

谭嗣同在创办南学会的过程中，经常组织会员议论时事，读书读报，了解国内外的大局时事，效果显著，这让谭嗣同看到了报纸的力量。但当时，《湘学新报》十多日才出一期，谭嗣同感到不能满足湖南维新变法的需求，便有了自办报纸的想法，将此事交给唐才常等人进行筹办。

在经过半年的筹划之后，光绪二十四年（1898年）初，《湘报》发行。陈宝箴虽然同意设立《湘报》报馆，但规定《湘报》绝大部分篇幅要刊载电旨、奏疏和本省的新政，还有各国的时事、商务，虽然也可以刊载论说，但为了不损害官僚、地主的根本利益，要求言论力求平实，不可以高言阔论。

谭嗣同对于这样的办报宗旨是不满意的，跟唐才常进行商议，对《湘报》的内容进行改造和充实，将《湘报》的办报宗旨改为两点。一是反对好古，提倡日新。这与谭嗣同在《仁学》中强调的一样："昨日之新，至今日而已旧；今日之新，至明日而又已旧。只有日日新，才能不断进步。"要求报纸要记载新人、新事、新思想、新道理，进行变法维新的宣传。二是表达民意，为民请命。在谭嗣同看来，中国旧有报刊文章就是一部皇帝的家谱，是一部君史，既没有民生社稷，有没有百姓的声音，满纸都是对君王的歌功颂德。谭嗣同要将《湘报》办成民报，为民发声，关心民众的疾苦，反映他们的要求。

谭嗣同将《湘报》与南学会紧密地联系在一起，将《湘报》作为南学会的宣传工具，经常发表一些变法维新、爱国救国的言论，向湖南民众进行广泛的变法维新宣传鼓动，更重要的是促进了民众的觉醒，激发了民众的爱国之情，号召起一批爱国志士参与到救亡图存的运动中来。

国家危亡之际，谭嗣同不敢有丝毫的疲倦，在先后改革时务学堂，创办南学会，革新《湘报》的同时，谭嗣同参与到湖南的各项革新活动之中。

保卫局是由黄遵宪倡议，仿效上海租界巡捕房的形式，官绅合办，维持市区秩序的机构。陈宝箴同意黄遵宪的建议，是因为考虑到民众人心浮动，常常有地方痞徒，为了防范民众暴动，加强对民众的镇压。

谭嗣同也对保卫局的创办表示了赞同，他认为在防范不法之徒的同时，以保卫局代替官兵维护一方安定，还能组织更多的民众参与其中，这种类似团练的性质的保卫局甚至可以成为防御西方列强侵略的新生力量。

除此之外，谭嗣同向陈宝箴建议，希望保卫局在维持秩序的同时，能够设立迁善所，收留流氓、拐骗、盗窃的不法分子，强制他们进行劳动，让他们学习一些技能，对他们进行改造，确保他们在被释放后，能够有一技之长，自食其力。

湖南的工矿企业，与湖北和沿海的各省份相比是较为落后的，虽然早在光绪二十一年（1895年）陈宝箴就奏请清廷，设立了矿务总局，进行湖南矿产的开发，但对于当地的资本进行严格的控制以及按照洋务派的官办、官商合办的模式，阻碍了民族资本主义的发展，湖南的民族资本主义工矿企业在夹缝中生存，苦不堪言。

在谭嗣同看来，除了科技发展之外，开矿办厂、发展资本主义工商业是西方国家强盛的一个重要原因，要想强国富国、抵御外辱，就要发展民族资本主义，开矿办厂是变法维新的重要组成部分。虽然之前经历了开矿被官府强占的事件，但谭嗣同还是以极大的热情投入到湖南的工矿企业的创办上。在他的积极筹划下，私人资本创办起来的矿产、工厂、轮船等企业如雨后春笋一般，纷纷建立。

湖南处于内陆，与沿海城市相比，较为闭塞，在谭嗣同等人的努力之下，通过一系列新政措施，打开了湖南的风气，成为维新运动的主要阵地之一。谭嗣同等人不仅广泛宣传了变法维新之事，更号召了一大批爱国志士参与到救亡图存的斗争中来，为日后的百日维新提供了宝贵的实践经验。

反动压制

北京强学会被顽固派镇压解散之后，全国的维新运动陷入了低潮，在维新志士的努力之下，北京的维新运动虽然被迫停止了，却在全国遍地开花，各个省份都有维新志士进行变法维新的宣传，较为开明的省份还进行了维新变法的尝试，办新式学堂，育维新人才，发展民族资本主义工商业。

全国形成了三大维新运动中心地区，分别为湖南、上海、广东。上海以《时务报》为舆论阵地，专门设置论说专栏，刊载变法维新的言论，或是讲述国家危难的时事分析，鞭挞清政府的腐败无能，揭露西方列强的狼子野心。在《时务报》的影响之下，上海各类报刊蓬勃发展，民众积极参与到救亡图存的大讨论之中，形成了自由开放的舆论环境。在康有为的主持之下，广东省创办粤学会。康有为亲自讲学，宣传变法维新之事，使广东成为维新运动的基地。

三大维新运动中心湖南成绩最为显著，在谭嗣同的主持之下，湖南的维新运动不仅有宣传号召，更是具体实施了新政举措，设立时务学堂，创办南学会，出版《湘报》，发展工矿企业，促进民族资本主义工商业的发展。湖南不断革新，成绩斐然，不仅是维新运动的中心之一，更是爱国主义运动的中心。

正当湖南维新运动如火如荼地开展之时，新政的实施触动了封建官僚的利益，受到了他们的阻碍压制。新政之初，封建官僚的神经对于新政就十分敏感，生怕所谓的变法维新在改变祖宗之法的同时，也让自己的封建权威失去效用，难以凭自己显贵的身份继续作威作福，欺压百姓。在谭嗣同的努力之下，湖南民众知道世上还有"民权"这一回事，自己原来并不需要对为官者卑躬屈膝，甚至还应该拥有罢免官员的权力。一时间，湖南的民众舆论变得自由开放，这让封建官僚顽固派十分惊慌，决定对变法维新进行阻碍和破坏。

湖南的封建顽固派以叶德辉和王先谦为代表。叶德辉是光绪十八年（1892年）的进士，被安排到吏部主事，在一般人看来实属不易了，可他并不满足，感觉自己身在京城，权位不高，不能像在湖南那样作威作福，还不如自己在湖南当一个乡绅，称霸一方，快活自在，便假称患病，要辞官回家养病。回到湖南后，打着"钦点主事，观政吏部，加四品衔"的招牌，到处招摇撞骗，欺压百姓，在湖南开了多家商铺，走私茶叶，牟取暴利，广置田庄，压榨佃农。这人做着欺压百姓的勾当，却附庸风雅，做了南山书院的山长，在湖南当地是著名的乡绅。

叶德辉凭借自己封建官僚的权势豪争强取，称霸一方，自然将三纲五常、祖宗之法奉若神明，极为推举，眼看着维新派要变祖宗之法，学习西方的民主自由思想，这是他所不能容忍的。为了继续保持封建权威，他心生恶计，对维新运动进行污蔑和攻击。

叶德辉不亲自出面，而是让自己学院的学生在长沙城中到处张贴揭帖，散布流言，攻击时务学堂和南学会，污蔑时务学堂教授西方的妖法，民众要多加小心，不可参与其中，又称南学会实为造反的组织，圣上已经得到消息，不日就会对将南学会解散。这些言论很快就在长沙城内传开，民众虽多不信，但也担心万一言论属实，自己身陷其中招惹麻烦，因而，很多民众便不再敢参与时务学堂和南学会的活动了。

谭嗣同像往常一样组织时务学堂和南学会的活动，却发现前来聚会的民众日渐减少，一问才知，原来是有人在长沙城内张贴揭帖，对维新运动进行污蔑和攻击。谭嗣同一眼就看穿了其中的诡计，揭帖虽然是书院的学生所为，但其背后一定有主使者，这些青年学生只是充当打手。谭嗣同便找来几名张贴揭帖的学生，询问是谁指使他们的，学生不言，谭嗣同并不着急，说："你们是城南书院的学生，指使你们的人想必是学院的山长叶德辉吧。"几名学生一听大为惊慌，谭嗣同看到学生的反应，也就知道此事必定是叶德辉的阴谋。

面对叶德辉的诡计，谭嗣同知道自己作为被诬告的一方，并不适合出面，便与唐才常和梁启超商议决定，选几名学生去巡抚衙门状告有人对新政举措造谣生事，恶语中伤，要求将造谣者绳之以法。

湖南巡抚陈宝箴本来就支持新政，早在谭嗣同到来之前，陈宝箴就已经在湖南进行新政尝试，虽然难以摆脱"中学为体，西学为用"的洋务派思维，但对于新政还是较为开明的。其实，陈宝箴初到湖南之时，就听说了叶德辉等人的恶行，但一直苦于没有把柄，加上叶德辉等人在湖南本地权势很大，没有机会对他们下手，压制他们的嚣张气焰。陈宝箴一听揭帖之事，便放出口信，称揭帖均是对湖南新政的污蔑造谣，自己一定要找出背后的元凶，以儆效尤。

叶德辉一听，大事不好，自己的诡计落空事小，倘若被巡抚陈宝箴查到自己的身上，就不好开脱了。叶德辉急忙找到自己的老师王先谦，托王先谦亲自给陈宝箴写一封公开信，对于揭帖之事全面否认，称根本就不存在这样的事情，信中还假惺惺地表达了对新政的拥护和支持。

刚刚逃过一劫的叶德辉，并没有停止对维新运动的攻击，这次长沙揭帖的失败，在他看来是因为巡抚陈宝箴有意庇护的结果，如果变法维新的事情传到皇帝的耳中，一定会对他们进行处置。为了搜集谭嗣同等人的罪证，叶德辉成了时务学堂的"忠实听众"和《湘报》的"忠实读者"，从中摘录谭嗣同、梁启超等人的言论，整理起来，交到了光绪帝的手中。令叶德辉没有想到的是，自己搜集的罪证却成了光绪帝嘉奖谭嗣同等人的功勋，他们非但没有受到处罚，反而受到了嘉奖，自己却被皇帝斥责。叶德辉受到了沉重的打击，只好先假言支持新政，背地里并不死心，咬牙切齿，伺机对维新运动进行破坏。

封建顽固派对于维新运动的连番攻击最终还是起到了作用。张之洞虽然宣称自己对于维新之事是赞成的，甚至还曾经为北京强学会捐资，但他实际上是想利用维新之事为自己谋求政治资本，背地里一直严密监控着维新运动的一举一动。《湘报》刊载了一篇倡导"君民共主"主张的文章，被张之洞看到，几日后他亲自致电陈宝箴，示意他最近《湘报》有几篇文章观点极为偏颇，对于皇帝态度十分轻蔑，言辞激烈，极具煽动性，倘若引起社会恐慌就难以收拾了，要求陈宝箴加强对时务学堂、南学会和《湘报》的管制，不准再散播这样的言论。

陈宝箴看到张之洞的电报，想到张之洞权高位重，自己又是张之洞一手提拔起来的，虽然有变法图强的愿望，但不敢得罪张之洞，只好找来谭嗣同、梁启超等人，要求他们禁止发表类似的言论，新政之事也暂且搁置，不容有误，否则就将谭嗣同几人抓起来。

谭嗣同看陈宝箴态度如此坚决，便冷笑道："巡抚大人，您这是想回到封建官僚的作风中去了，新政之事恐怕不只是暂且搁置，想必再施行也困难了，也罢，您去好好做官吧。"说完便扬长而去。

陈宝箴怕谭嗣同不听自己的劝告，继续进行维新之事，便找来谭嗣同的老师欧阳中鹄，让他去劝服谭嗣同。欧阳中鹄虽然赞成某些西学，对于国家危亡的现状痛心疾首，但对于谭嗣同所言的民权、平等、自由等主张是坚决反对的。

在陈宝箴和老师欧阳中鹄的连番劝告下，谭嗣同并没有丝毫的动摇。为了救国家于危难之中，谭嗣同认准了变法维新的这条道路，便决定不畏艰险地走下去。

第五章　戊戌变法

抱病赴京

光绪二十四年（1898年），光绪帝已经做了二十多年的傀儡皇帝，虽有皇帝之名，每天表面上接受朝中大臣的朝拜觐见，审阅奏章，决定国家大事，实际上却是另一番景象。大臣跪拜在皇帝面前，却深知这个皇帝权势是有限的，一切决定都在慈禧太后的手中，就连这个皇帝也不敢不听慈禧太后的懿旨。光绪帝何尝不知道这番景象，苦于朝中大臣多为慈禧太后的后党，无可奈何，眼看着国家在西方列强的野蛮侵略之下岌岌可危，每有战事，少有胜利，天朝大国到如今沦为他国的盘中餐，内心悲苦不已。

苦于这样的现状，光绪帝急于增强自己的实力，将实权从慈禧太后的手中抢过来。维新派的出现让光绪帝眼前一亮，康有为等人他也颇为欣赏，但是支持建立的强学会，还未发挥真正的作用，就被慈禧太后一道懿旨强制解散，好不容易聚集起来的爱国志士散落各地，难以形成大气候。

正在光绪帝苦闷之时，在康有为、梁启超、康广仁等人的努力之下，北京再次掀起了维新高潮。康有为、梁启超等人在强学会被解散后，分别在上海、湖南、广东继续宣传维新之事，取得了一定的效果。但随着国家危难的加重，他们发现在这样一个封建极权的王朝，想要通过各省的革新带动全国革新是十分困难的，只有获得最高权力的支持，从上而下地进行变法革新，才有可能救国家于危难之中。

鉴于此，几人回到了北京，为了将维新爱国志士聚集起来，他们决定重新建立一个团体，名为"保国会"。"保国会"的宗旨是"为保国家政权之土地，为保人民种族之自立，为保圣教之不失，为讲内治之宜，为讲外交之故"，宣传变法革新才能保全国家。"保国会"一出现，便引起了光绪帝的注意。

光绪帝找来康有为编著的《日本明治变政考》和《俄罗斯大彼得变政考》，发现日本和俄国都是在国家危难之时，自上而下地进行变法革新，保全了国家，君主依旧还是君主，达到了强国富国的目的。光绪帝看得津津有味，不仅看到了自己获得实权的好机会，还看到了挽救国家危难，避免成为亡国之君的良策。

光绪帝随即跟身旁的翁同龢说："以后康有为的奏章直接交到我的手中，中间不许有任何阻隔、延误。"翁同龢本就十分欣赏康有为的博识和才气，对于他那一套变法维新的理论也是极为的赞赏，便对光绪帝说："皇上不如将他放置在自己的左右，以备咨询，圣主贤臣，此乃国家之福。"

光绪帝听完翁同龢的建议，心中暗自叫好，但康有为只是一个工部的主事，贸然将他放置在自己的左右，难免会引起朝中大臣的不满。正在危难之时，翁同龢献出一计，对光绪帝说："皇上要是觉得直接提升颇有不妥，不如让几名大臣联名举荐，这样也可以多举荐些维新派的人才。"光绪帝听完后十分欢喜，便嘱咐翁同龢马上进行举荐之事。

此次举荐不只是提拔已经在朝中为官的维新志士，还有各地的维新人才，其中就包括梁启超、黄遵宪、谭嗣同等人。变法维新的人已经召集起来了，光绪帝担心慈禧太后的百般阻挠，便先未将此事向慈禧太后禀告，而是选择先斩后奏，先发布上谕，引起社会影响，到那时恐怕慈禧太后不同意也很难阻拦了。

1898年6月11日，光绪帝颁布变法诏书，在诏书中指出：多年以来，中外都在讲求时务，主张变法自强；今天下诏要进行变法革新，比如开特科，裁冗兵，改革科举制度，设立新式学堂，都是再三商议，筹备成熟后的决定；然而现在风气未开，对于新政有很多非议，要求遵循旧章；但今天的时局，今天的国势，不进行变法革新，用什么来抵御外辱。

诏书一经发布，得到了爱国志士的热烈反响，他们心中欣喜，感到国家有救了。在诏书昭告天下之后，光绪帝知道纸包不住火，是时候去跟慈禧太后摊牌了。慈禧太后在名义上还政光绪帝之后，就住进了颐和园，表面上远离了政事，实则是在颐和园形成与光绪帝相对抗的后党。

光绪帝在向慈禧太后请安之后，开门见山地说："近来，朝中大臣纷纷进言，要求进行变法革新，以此来富国强兵，抵御外辱，言辞诚恳，并且有具体可行的措施方案，臣儿觉得如今天下危急，变法革新不失为一种办法，特下诏，不知老佛爷有何赐示。"

慈禧太后听后冷冷一笑，接着说："朝中的事情，皇上自己拿主意就是了，我一个老婆子，怎么懂得其中的道理，又何必前来询问呢？再说，皇上都已经昭告天下了，就算我不同意，想必也没什么办法了。"

既然慈禧太后不多过问，光绪帝便想叩辞，刚要离去，慈禧太后叫住了光绪帝，说道："你身边的大臣辅佐你尽心尽力，都很不错，只是那个翁同龢仗着你的宠信，越来越张扬跋扈了，我想他年纪大了，老眼昏花了，不如让他回家休息吧。"在慈禧太后看来，光绪帝一心想要变法维新，就是翁同龢鼓动的。

光绪帝一听，知道这是慈禧太后有意要削弱自己的实力，刚想辩驳，话还没有说出口，慈禧太后眼睛直盯着光绪帝说："皇上难道要护着他不成？"就这样，为了变法维新之事继续进行下去，光绪帝只好牺牲翁同龢，发布诏书让翁同龢回家养老。

翁同龢被罢免回乡后，光绪帝失去了自己左膀右臂，十分痛心。翁同龢临走前交代光绪帝一定要重用康有为等人，将变法维新之事坚持下去，一定能富国强兵。在处理好举荐之事后，光绪帝马上召见了康有为，询问他变法的准备情况，康有为答："变法维新，不能只是一项两项的变法措施，而是统筹全局，然而，在各项变法举措中，最重要的是有变法维新的人才。"随即，康有为向光绪帝推荐了梁启超、谭嗣同等人。

此时的谭嗣同正在湖南与封建顽固派进行苦战，在得到张之洞、陈宝箴等人的支持后，封建顽固派日渐占了上风，黄遵宪、梁启超都已经被迫离湘，《湘报》报馆经常被打砸，维新运动在湖南变得越来越困难。刚见维新运动有所成效的谭嗣同就眼睁睁地看着维新成果被破坏，内心十分苦闷。

光绪帝召谭嗣同进京辅佐新政的消息马上传到了湖南，亲朋好友都前来拜访祝贺，有的人认为谭嗣同这次进京是得到了光绪帝的赏识，今后一定平步青云；有的人认为谭嗣同此次进京辅佐新政，定能成就一番事业，实现自己的救国之志。

然而，谭嗣同的妻子李闰却怎么也高兴不起来。这几年来，谭嗣同投身于新政的实践之中，作为妻子李闰也参与其中，对维新之事有所了解，也目睹了维新运动被顽固派破坏镇压的一幕幕。李闰想到丈夫在自己的家乡湖南推行新政，都不能取得成功，还遭人污蔑攻击，倘若到了京城，将会面临更大的阻力，稍有不慎，丢官事小，还有可能危及身家性命。想到这些，李闰不禁流下眼泪，为丈夫此次进京的命运十分担心。

谭嗣同何尝不知道此次进京的危险。之前强学会也是受到了光绪帝的赞赏和支持，可结果还是被迫解散，准备实施的维新之事都留在了纸面上，没有一项真正投入到实践中。如今，翁同龢也因为变法维新之事，被慈禧太后罢免回乡。此次进京参与新政，定是要与封建顽固派进行一番争斗，稍有不慎恐怕就很难再回到湖南故乡了吧。

还没等动身，谭嗣同却忽然患病，身体十分虚弱，万般无奈之下，只好推迟进京的时间。光绪帝见谭嗣同久久未入京，便又电催他"迅速来京，毋稍迟延"。光绪帝的多次催促让谭嗣同十分感动，没想要自己如此受到光绪帝的重视，从中他也看到了此次光绪帝变法维新的决心。

虽有种种顾虑，虽身患重病，但为了变法维新，实现富国强兵、抵御外辱的志向，谭嗣同顾不得个人的成败得失，抱病赴京。

辅佐新政

谭嗣同到达京城的时候，光绪帝已经等待多日，内心十分焦急了。对于光绪帝而言，这是他掌握实权，改变现状的最好机会了。在当时，腐败无能的清政府任由西方列强宰割，割地赔款，三十余年苦心经营的洋务运动却因封建官僚的腐朽，在中日甲午战争中全军覆没，此时的清政府在面对沙俄、德国等西方列强新一轮的瓜分狂潮，可谓是没有丝毫的抵抗能力。

不仅如此，贪得无厌的地主阶级不断加强对佃农的剥削，张扬跋扈的封建官僚对民众强征赋税，民众生活在水深火热之中，官逼民反，在太平天国运动之后，全国各省各地的农民起义就时有发生，当年的太平天国打到了南京，腐朽无能的清政府还是在西方列强的帮助之下才勉强将太平天国运动镇压下去。

面对这样内外交困的现状，光绪帝深感自己随时可能沦为亡国之君，亟需加强自己的统治地位。但是光绪帝已经做了二十多年的傀儡皇帝，在慈禧太后的阴影之下掌控国家大事，手脚被慈禧太后束缚，难以有所作为。在帝党和后党的斗争之中，帝党屡屡受挫，军政大权都在后党那一边，光绪帝想要获得实权十分困难。

康有为的出现给了光绪帝新的希望，他提出的变法维新主张让光绪帝眼前一亮，他对于康有为所说的国家到了兴亡之时的论调颇有感触，也十分赞同国家已经到了不得不进行变法维新，以求富国强兵、抵御外辱的时刻了。康有为多次上书，请求变法维新，光绪帝早就想借此机会掌握实权，大展身手，但苦于慈禧太后一直对变法维新之事从中阻挠，为了将康有为等人放置在自己的左右，便于变法维新，还牺牲了翁同龢，遣送他回乡养老。

此时的光绪帝已经决定要破釜沉舟，将变法维新之事进行下去。康有为因为被举荐到光绪帝的身边，每天向光绪帝陈说变法维新之事，君臣两人常常商议讨论到深夜，引起了封建官僚中顽固派的不满，成为他们抨击的对象，也成了慈禧太后的眼中钉、肉中刺，处境十分微妙，此时正亟须一批爱国维新志士的到来，壮大变法维新的队伍，更好地推进变法维新的举措。

光绪帝早就听闻了谭嗣同的名号，还专门找来《时务报》《湘报》等，认真研读谭嗣同的文章，发现谭嗣同对于西方的民权政治颇有研究，还具有变法维新的实践经验，对他在湖南革新过程中的种种措施也颇为赞赏，光绪帝对于谭嗣同抱着很大的期望，所以才有了之前的多次催促谭嗣同进京辅佐新政的事情。

这是谭嗣同人生中第一次见光绪帝，跪拜之后，光绪帝便道："听说先生在湖南辅佐陈宝箴进行新政推行，成效显著，今天特意将先生请来，还烦请先生对于变法维新之事不吝赐教。"

谭嗣同听闻光绪帝称自己为先生，受宠若惊，便急忙回答道："小臣才疏力薄，在湖南之事，也不过是提倡民权，奖励工商，进行变法图强，这也是顺应了当今世界的潮流，并没有什么显著成就。今天蒙圣上眷顾，一定竭心尽力，不敢有丝毫的保留。"

　　光绪帝自从颁布了"明定国是"诏书之后，一直想知道各地乡绅民众的反响。谭嗣同回答道："自下诏以来，中外瞩目，受到了民众的广泛关注，毁誉参半，这也是在情理之中的，中国历史悠久，要建立前所未有的新国，一定会引发很多议论的。"

　　光绪帝接着问谭嗣同对于诏书中变法维新举措的看法，看着谭嗣同面露难色，便命谭嗣同不要有所隐瞒，直言无妨。谭嗣同接着说道："几个月以来，皇上的新政举措之中还有很多未当之处，甚至孕育着巨大的危险。变法维新需要全面的策略，要有十足的把握，否则就会面临巨大的危险。"

　　谭嗣同还认为要想变法成功，需要具备四方面的条件。首先是必须有强有力的辅佐集团，既能提供变法维新的良策，还能将维新的举措落到实处，推进变法维新；其次是要有一支自己的军队，人不在多而在于精，必须是精兵强将，能对封建顽固派形成威慑的力量；再次是要妥善安置王公大臣，尽可能减小变法维新的阻力；最后是要加强外交，获得其他国家的声援和支持。

　　根据这四方面的条件，谭嗣同还将中国变法维新的环境与日本明治维新进行对比，认为光绪帝身边没有成型完善的辅佐集团，更没有自己的亲信军队，朝中的官员任免都是由慈禧太后所决定的，光绪帝实则是孤立无助的。

光绪帝也深知自己的现状，对此颇为无奈，便问谭嗣同有何良策。谭嗣同回答道："如今的局势虽然十分危急，但亡羊补牢还未晚，皇上如果能够留意以上四项，聚集维新志士，充实近卫，逐步削弱后党的兵力，同时妥善安置朝中大臣，对外联合英、美等新兴之国，远交近攻，对抗沙俄，富国强兵，变法维新就有了希望。"

此次相见，光绪帝对于谭嗣同极为赞赏，第二天就下令授予谭嗣同、杨锐、刘光弟、林旭四人四品官衔，进入军机处，专门负责变法新政的相关事宜。四人突然被授予要职，轰动京城，被称为"四京卿"。

在谭嗣同等人的辅佐之下，光绪帝在颁布了"明定国是"诏书之后，接连颁发了很多新的新政举措：招选朝中大臣游历各国，了解他国现状，学习他国的优势，为变法维新寻找参照蓝本；废除八股科举，创办京师大学堂，培养新式人才；修建粤汉铁路，设工商局和矿务铁路总局；奖励士民创新法，著新书等。一系列新政措施不断推出，举国上下都充满了变法维新的气息，民众热情高涨，国家在危亡之时看到了希望。

为了更好地推进变法维新的进程，光绪帝决定在谭嗣同的支持下，准备对官僚机构进行整顿。当时的清政府内部官僚机构规制十分混乱，职责不明，没有明确的制度，不同部院之间常常出现相互推卸责任，或者争权夺势的事情。谭嗣同早就看透了这帮封建官僚的腐朽与无能，凭借着特殊的渠道进入官

京师大学堂分科大学旧址

场，不知道励精图治，只知道讨好上官，互相排挤。他深知要
想将变法维新推进下去，就必须改变官场现状。

光绪帝早就发布诏书，要求士民关于变法维新之事上书，
呈递给都察院，再进呈给皇帝，中间不准有任何的阻拦。礼部
主事王照想要上书，却被礼部尚书怀塔布扣押了下来，王照极
为不满，搬出光绪帝的上谕据理力争，怀塔布对此置之不理，
不以为然。

怀塔布虽然贵为六部公卿，但其实是个不学无术的草包，
能够进入官场只是因为他与慈禧太后是同宗，都是叶赫那拉
氏，他的母亲与慈禧太后又十分亲近，怀塔布百般讨好慈禧太

后，文武才能皆没有的他才得以在朝中担任要职。

怀塔布扣押上书的事情最终传到了光绪帝的耳中，光绪帝大怒。早在此事之前，光绪帝就知道怀塔布这人碌碌无能，是通过讨好慈禧太后才得以平步青云的，在朝中是慈禧太后的狗腿子，是慈禧太后众多耳目中的一个。这次怀塔布公然违抗圣谕，光绪帝立即下令解除怀塔布的职务。

搬掉怀塔布这块绊脚石之后，光绪帝进一步加强对官僚机构的整顿，裁减冗官，对于各地买官卖官的现象进行惩治，备受被多级官员欺压的百姓拍手叫好，越来越多的爱国志士投入到变法维新的运动中来。

步履维艰

正在光绪帝领导维新派进行变法维新的同时，封建顽固派的大臣们暗中勾结，抵制新政。一系列变法维新的举措不断推出，像一剂剂苦药医治中国，却让封建官员"苦不堪言"。变法维新矛头直指封建势力，触动了封建势力的利益，他们感到自己的好日子到头了，内心十分恐慌，伺机对变法维新进行阻挠和破坏。

这些封建官员不敢公开抱怨光绪帝，犯大不敬之罪，就将满腔的怒气集中在维新派上，公开进行叫嚣和污蔑。有的人说康有为推崇变法维新是收了洋人的好处，替洋人卖命，想要把国家卖给英国和日本；有的人说康有为会妖术，光绪帝如此器重他是因为中了他的妖术，他每次觐见，都给光绪帝服用妖丸，光绪帝在不知不觉中就被他控制了；有的人宣称要跟康有为拼个你死我活。这些谣言污蔑很快在京城内传开，很多民众对于变法维新之事并不了解，只知道是新事物，轻易地相信这些谣言污蔑，对变法维新之事纷纷躲避。

这一天，光绪帝像往常一样批阅奏章，看到一个来自湖南举人曾廉的奏章，说是有关变法维新之事，光绪帝打开奏章却着实被惊了一下。奏章中并不是对变法维新的献计献策，亦不是对维新之事的赞扬，而是请求对康有为和梁启超进行惩处，奏章中列举了梁启超在湖南革新中任时务学堂教习期间的某些批语，其中涉及"民主民权"之说，曾廉认为这是无视君主的表现。奏章中还对康有为进行了攻击，说康有为有成为中国教皇之意，有狼子野心。

光绪帝将奏章交到了谭嗣同的手中，谭嗣同看完怒斥这是对康、梁的污蔑，其用心极其险恶，是想让圣上对康、梁产生防备之心，以此来阻挠变法维新的进程，是对变法维新的破坏，必须严惩。

光绪帝说："如今广开言路，让士民关于变法维新之事献计献策，现在有人不满，就进行严惩，恐怕难以服众，反而会对变法维新产生不利的影响，此事就到此为止吧。"

谭嗣同内心知道光绪帝是极其信任康、梁的，但看到光绪帝的愁容，还是担心此事会造成不好的影响，便向光绪帝表示自己为两人担保，如若曾廉所言属实，愿意与两人连坐，共同受罚。

光绪帝告诉谭嗣同，自己并非不信任两人，只是这个奏章能到自己的面前，恐怕也会到慈禧太后那里，被慈禧太后抓住了把柄，就不好办了，不如你针对这个奏章的列举，条条进行批驳，送到慈禧太后那里，消除她的戒心如何。谭嗣同欣然接受，写了长达千余言的文件，并附有"四京卿"等维新志士的署名以保康、梁等人。奏折呈交到慈禧太后那里，此事才暂且告一段落。

此事过后，光绪帝深深感到康有为已经成了朝中大臣的众矢之的，处境常常陷于危险之中，为了保全康有为的安危，光绪帝决定暂且将康有为派出京城，便发布上谕，将康有为派去上海主持《时务报》的相关事宜，要求所出之报随时呈进。

康有为的胞弟康广仁也十分赞成康有为暂离京城，前往上海，兴学办报，以待时机。在他看来，如今的封建势力还十分强大，光绪帝还很难把持大局，民众对于变法维新之事缺乏了解，想要一下子改变大局，在短期内实现富国强兵的目标是极其困难的，由于种种现状的限制，很难达到日本明治维新的效果。再者，在康有为等维新志士的努力之下，八股科举已经被废除了，还兴办了新式学堂，各省各地新学氛围浓厚，此后必定能涌现出更多的爱国维新志士，只有众人的努力之下，变法维新才更有希望成功。

康有为却不愿离开京城，变法维新之事在强学会被解散之后陷入低潮，如今有光绪帝的大力支持，还有众多的维新志士参与其中，实在是千载难逢的好机会，还没有实现富国强兵的目标，自己怎么能激流勇退呢？

自从变法维新开始之后，光绪帝对康有为就极其地信任，尤其是翁同龢被迫回乡后，康有为俨然成了光绪帝的左膀右臂。光绪帝几乎每天都会召见康有为，君臣二人常常对具体变法维新的事宜进行商议，对其恩宠有加。有一次，不知不觉中谈到了深夜，按照宫中的规制，臣子不可以在宫中擅留的，康有为便起身准备叩辞，光绪帝因正谈到兴处，便挽留康有为在宫中过夜，看康有为面露难色，光绪帝便说："如有人提起，由我担当，先生不必多虑，继续畅所欲言吧。"

此事破坏了宫里的规矩，负责监察的御史眼见康有为如此受到皇帝的宠信，十分眼红，便抓住机会向光绪帝纷纷上书，弹劾此事，请求光绪帝对其进行惩治，令康有为守臣子的规矩。光绪帝根本不理会这样的奏折，一律批为"留卷"，也就是不予理会的意思。

光绪帝如此信任康有为，这让康有为十分感激，感觉自己遇到了明君，自己怀揣变法维新的志向，有幸遇到光绪帝，破格获得一展身手的机会，康有为急切地希望能够尽快建立一个立宪的中国，实现自己的理想。

谭嗣同对于康有为变法维新的精神十分钦佩，但在他看来，康有为此时确实不宜留在京城。自公车上书以来，康有为就树敌众多，一直被守旧势力视为眼中钉，在朝中多年，更是处处遭受排挤，还好有翁同龢的赏识，才得以保全。如今在变法维新的重要时刻，康有为成为众矢之的，反而加剧守旧派对变法维新的反感和抵触。更重要的是如今变法维新的情势需要康有为前往上海，变法维新开始之后，各省各地的执行力都有不同程度的问题，守旧的官僚对维新措施阳奉阴违或者选择性执行，各省民众对于变法维新之事充满了疑惑，需要有人去解决这些问题。康有为前往上海可以与北京遥相呼应，推进全国的变法维新之事。

康有为与谭嗣同虽然同为变法维新的中坚力量，但两人的变法维新思想稍有差别。康有为推崇的是较为保守的君主立宪，相较于英国和日本的君主立宪制，康有为更加推崇日本，因为日本天皇实际具有更大的权力，很多变法的措施也较为温和。然而，相较于康有为，谭嗣同的变法维新思想就显得更为激进，他推崇民权与平等，早在《仁学》中谭嗣同就表达了对君权的不满，称民众应该拥有罢免君主的权利。在康有为看来，谭嗣同的变法维新主张是激进危险的，是不可能在当时的中国施行的。

此次谭嗣同赞同康有为前往上海，让康有为心中颇为不快。康有为本就因为自己的门生没有像谭嗣同等人一样，受到光绪帝重用心生不满，加上此次事件，便对谭嗣同更加地疏远了。

在变法维新的关键时刻，维新派的内部却出现了裂痕，康有为和谭嗣同的政见差别只是其中的缩影，"四京卿"之间也存有矛盾。在维新派中也分为较为保守和较为激进的两派，"四京卿"中林旭和谭嗣同一样，都属于较为激进的一派，他们的变法维新主张直接将矛头指向了守旧势力。然而，杨锐与张之洞的关系十分密切，在政治上倾向于洋务派，较为保守。两个派别经常因为政见的不同激烈争吵，杨锐甚至上书光绪帝，要求对林旭的变法过激言行进行斥责。

变法维新外有守旧派的反击，内部还出现了政见上的裂痕，光绪帝虽然握有发布谕旨的权力，手里却没有军队实力，各省各地对于变法维新也是态度不一，多数都是阳奉阴违，变法维新措施并没有取得实际的效果，可以说，维新变法步履维艰。

风云突变

一系列新政的推行，让守旧顽固派惶恐不安，尤其是裁减冗官的举措，让很多官员对变法维新之事咬牙切齿，十分仇视。他们想到了自己的靠山——慈禧太后，他们深知在朝中实际掌握大权的是慈禧太后，也只有慈禧太后能够改变眼下的形势。一时间，颐和园内热闹非凡，呈递奏折的官员络绎不绝。

康有为曾建议增加国号，改变仅有朝号的现状，将国号改为中华帝国，这在守旧顽固派看来是大逆不道的行为，祖宗之法只有改朝换代之时，才可以更改国号朝号，今天建议改国号，就是谋权篡位。守旧顽固派的官员抓住了这个把柄，将此事告知了慈禧太后，慈禧太后听后果然勃然大怒，但也没有明确的表示。

"老佛爷，请恕奴才大胆，依奴才看来，这些所谓的维新党仗着有皇帝撑腰，越来越狂妄了。"慈禧太后身边心腹李莲英这时早就被守旧顽固派收买了，打探慈禧太后的口风，在一旁煽风点火。

慈禧太后咬牙切齿地说："休得多言，我自有办法。"此次慈禧太后没有直接发作，让光绪帝治罪康有为，其中有她自己的目的和阴谋。

慈禧太后虽名义上还政给光绪帝，自己居住在颐和园，过着半隐居的生活，但实际上从来没有放弃对大权的掌控，在朝中安插了众多亲信，并通过对光绪帝的强压，让朝中大事按照自己的意思来办。此次变法维新，慈禧太后一直未有动作，这是她的有意为之，欲擒故纵。之前维新之事刚刚起端之时，建立了强学会，慈禧太后勒令解散，却因没有把柄无法治罪维新志士。这次变法维新，慈禧太后欲擒故纵，目的就是要将这些要变祖宗之法的维新派一网打尽。

正在慈禧太后等待时机之时，光绪帝进一步推进变法维新之事，欲开"懋勤殿"。当时，光绪帝接纳了康有为的建议，并不直接设议会，成立权力中枢，这样必定会遭到守旧顽固派的强烈反对，便退而求其次开"懋勤殿"，可以召集心腹大臣、维新志士一起畅谈变法维新之事，加快变法维新举措的实施，实际形成了一个以光绪帝为中心的权力中枢。

对于光绪帝要开"懋勤殿"，慈禧太后是绝对不能容忍的，她深知开"懋勤殿"的用意，"懋勤殿"一开实际夺了军机处和总理衙门的权责，自己的实力就会受到限制，这是万万不可的。

慈禧太后决定准备镇压维新派，她把时间地点选在了十月底天津的阅兵典礼之上，天津阅兵所审阅的正是慈禧太后亲信荣禄的北洋新军，到时光绪帝和朝中大臣都会参加，正是将维新派一网打尽的好机会。

光绪帝为了提防慈禧太后对变法维新之事的阻挠和破坏，也在慈禧太后身边放置了耳目，慈禧太后要将维新派一网打尽的消息传来，光绪帝惊得面目苍白，豆大的汗珠从额头上冒出来。他不知道自己怎么去应对这场阴谋，手中没有兵权，毫无反抗之力，只能束手就擒，想到自己变法维新还未完成，富国强兵的目标也遥遥无期，光绪帝竟悲愤地流下了眼泪。待心情稍稍平静之后，光绪帝将此事秘密通知了康有为。

康有为听闻后心急如焚，急匆匆地找到谭嗣同，说："你我都是受到皇帝恩泽的人，此次事件极其重大，关乎国家的存亡，我们必须想出个法子，能够阻止这个阴谋的发生。"

谭嗣同点头赞同，深思了片刻，说："如今形势，已经到了万分危急的时刻，也只有掌握兵权，先发制人这一个办法了。"

康有为接着说道："袁世凯这人怎么样？他手里有精兵，之前似乎对于维新之事也颇为上心，不知道此时能不能挺身而出，救皇帝、救国家于危难之中。"

谭嗣同却颇有疑虑地说："之前听翁同龢提起过此人，说袁世凯虽然言谈爽朗，但总感觉欠诚恳，不知道是否可靠。"

康有为道："如今也顾不得这么多了，我已经寻求过各国的使馆，对于此事他们纷纷躲避，不愿插手，唯一能指望的就只有袁世凯了，不如你去亲自劝说，挽救危局。"维新派万般无奈之下将皇帝、变法维新的命运全都压在了袁世凯的身上。

谭嗣同立马起身前往袁世凯的住处，此时袁世凯正在北京的临时住所，手中握有五千新兵。两人简单寒暄之后，谭嗣同便开门见山地说："如今的时局对皇帝极为不利，你是受到皇帝的恩宠才有现在的地位，现在皇上面临大难，你必须出手救援不可。"

"圣上的恩泽我不敢遗忘，为了圣上，我万死不辞，只是不知如今圣上面临什么大难？"袁世凯问道。

"你难道不知道慈禧太后准备在天津阅兵时要发起兵变，废除圣上的实权吗？"袁世凯听后大惊，霎时间竟一句话也说不出来了。

谭嗣同接着说道:"当今圣上励精图治,痛心于国家贫弱,屡受西方列强的欺辱,百姓生活在水深火热之中,想要变法维新,富国强兵,抵御外辱,这是国家的福气。可是慈禧太后受到守旧腐朽官员的挑唆,处处阻挠新政的实施。现在不仅是圣上的安危,还有变法维新的命运,都在你的手中,就看你的决定了。"

袁世凯擦去头上的汗珠,连忙拱手道:"不知有何救圣上的办法。"

谭嗣同从身上拿出一张纸来,交给袁世凯,上面写道:封禁电报局及铁路,迅速载袁兵入京,派一半围颐和园,一半防卫帝宫,如此大局可定。

袁世凯看到"一半围颐和园"之时,吓得出了一身冷汗,问谭嗣同这是为何。

谭嗣同道:"不杀死这个老朽,国家不保。这是已经决定了的主意。"袁世凯大呼万万不可,这可是作乱造反的事情,我不能做。

谭嗣同接着说道:"你放心,不需要你动手,我已经准备了几十名好汉,你只需要将颐和园围住即可。现在圣上的命运、我的性命都在你的手中,最晚今晚要有个决定。决定之后,我立刻进宫请旨。"

袁世凯说:"这件事事关重大,怎么能如此草率地决定呢?何况今晚去请旨,恐怕圣上也不会准吧。"

"这些就无需过虑了，我有十足的把握，后天你到圣上那里的时候，圣上一定会给你一个按计划行事的朱谕。"谭嗣同吩咐道。

袁世凯还是放心不下，接着问道："即便如此，天津乃是各国聚集的地方，北洋诸军四五万人皆在此，我的士兵不过才六千余人，难以以寡敌众。"

谭嗣同道："到时可先发制人，发动兵变，并将圣谕交到他们的手中，看谁敢妄自行动。"

袁世凯犹豫不决，便说："我军的粮草武器都在天津城内，准备需要一定的时间，我先考虑一下，做半个月的部署，再给答复，如何？"

见袁世凯迟迟不决定，谭嗣同说道："圣上已经不能忍受了，令我今晚一定要商议出一个办法。"

此时，袁世凯还想推辞："我不敢辜负圣恩，只是这件事如果做就必须要成功，否则就会牵连到圣上，必须要有一个万全之策。"

谭嗣同早就心急如焚，看见袁世凯如此兜圈子，他站起来，厉声道："这件事非同小可，我只要你的一句话。现在摆在你面前的无非就是两条路，一是报君恩，解救圣上，挽救变法维新之事；而是去告密，用圣上的安危来换取你的荣华富贵，苟且偷生。"

袁世凯见谭嗣同已经极为气愤，便用激昂的声调说："我绝不是贪生怕死的人，如今为了国家大局，我定当赴汤蹈火在所不辞。"

谭嗣同听信了袁世凯的话，颇为欣喜地向康有为介绍了与袁世凯商议的结果，康有为听后大喜，决定抓紧去各国大使馆做工作，以取得他们的支持。

袁世凯送走谭嗣同之后，陷入了思索之中。袁世凯并不是为如何解救光绪帝而思索，而是在为个人权衡利弊。光绪帝虽然励精图治，敢于变法维新以求富国强兵抵御外辱，不得不说是开明的好君主，但毕竟没有实权，更没有兵权，势单力薄，变法维新之事前途渺茫，如今要是与慈禧太后为敌，就相当于是自寻死路。袁世凯下决心为了自己的利益，站在实力更为强盛的慈禧太后这一边。

袁世凯在返回天津之后，立即向荣禄告密。荣禄当即起身，前往京城面见慈禧太后，将此事告知。慈禧太后随即决定先发制人，次日命太监收了光绪帝的玉玺，将光绪帝软禁，重新宣布"训政"，并下令搜捕维新派，要将维新势力一网打尽。至此，维新变法以失败告终，历时百余天，史称"百日维新"。

不避死难

慈禧太后抢先发动政变，将光绪帝幽禁，再次从颐和园回到皇宫"垂帘听政"。维新志士听闻光绪帝被幽禁，有人惊得不知所措，两眼无神；有人痛心于变法维新之事的失败，捶胸顿

今人纪念戊戌变法的雕塑

足，痛哭流涕；还有人十分愤慨，要只身去跟慈禧太后拼命，除掉这个老贼。

无论爱国维新志士如何激愤、悲痛，他们都不得不接受维新变法大势已去的事实。此次变法维新起于光绪帝的支持，通过皇帝之权，发布上谕，自上而下地实施变法维新的举措，取得了一定的成效。如今，光绪帝被幽禁，生死未卜，维新派失去了继续进行变法维新的权力。不仅如此，守旧顽固派在慈禧太后的支持下，竟然敢抓起了皇帝，夺去了权力，接下来对于维新派的肃清想必会更加的残忍。

慈禧太后政变之后，如何营救光绪帝成了维新派的重要任务。梁启超和容闳还寄希望于欧美列强，希望他们能够与清政府交涉，逼迫慈禧太后放出光绪帝，还政于他，继续推进变法维新，以挽救目前的危局。

英美两国虽名义上支持中国的变法维新，其目的也是希望中国能够变法维新之后，更容易接受西方的产品，消除对西方的排斥情绪，对于此次慈禧太后政变，英美两国的使馆公使并不愿插手，一是因为与慈禧太后常有来往，二是因为他们并不想看到中国真的能够富国强兵。两国使馆公使都纷纷前往北戴河避暑去了，远离此事。

梁启超见英美两国使馆无人做主，求救的事情无法成行，万分焦急之下他又来到了日本使馆，与英国使馆一样，日本公使表示对于梁启超所说的营救皇帝一事无能为力，但可以为维新派提供政治庇护，利用外国使馆在中国的特权，随后将他们送往海外，让维新派的主要人士免于遭难。

梁启超心里明白，营救光绪帝只是继续变法维新的第一步，还光绪帝实权才是其中的关键。此时，英美日使馆不能帮助营救光绪帝，更不用说逼迫慈禧太后还政于他了，变法维新实际上已经失败了。

梁启超十分沮丧地找到了谭嗣同，与他商议接下来的对策，"复生，幽禁光绪帝是那老贼的第一步，接下来想必就是来抓你我了吧。你我的生死安危并不重要，但如今变法之事还未完成，这样的情势之下也很难继续进行了，我想暂时先到日本使馆躲避，待这一段风波平息之后，再想继续变法维新的对策。"

谭嗣同听后，十分赞同梁启超的决定，他认为梁启超英年才俊，是维新派中难得的人才，此时暂且保留实力不失为一种最好的选择，他还希望梁启超能够逃离虎口，与康有为一起南下，重整旗鼓，集合爱国维新志士，将变法维新继续到底。

梁启超接着说道："复生，现在情势十分的危急，你不如跟我一起前去日本使馆暂且躲一下。我跟日本使馆的公使很熟悉，慈禧太后那老贼想必不敢前来使馆纠缠。待事情平息之后，你我一同南下，或去日本，再谋变法维新之事，岂不更好？"

谭嗣同听后，连连摇头，说："我志已决，决不再走了！如今圣上下落不明，生死未卜，朝政极其危险，变法维新的成果想必也会遭到破坏，我怎么能一走了之呢？你跟我不一样，并没有官职在身，出走是应该的。我既入军机，被安排参与新政，就应该负责到底，如今只有一死以酬国家耳。"

说完谭嗣同走进书房，拿出一沓书稿出来，对梁启超说："你我自甲午相识以来，一同为变法维新，救国之事竭心尽力，往事历历在目。如今我救国家于危难之中的志向还未实现，无奈大势已去，内心悲苦不堪，别无他求，只是这些书稿拙作，希望你能帮我整理出来，留作他日之念。今日诀别，后会无期，你快快离去，多多保重吧。"

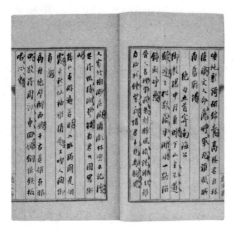

谭嗣同遗稿（局部）

梁启超听后十分感动，还想劝谭嗣同跟自己一同离京，说："复生，你不能留下。如今国家危亡之际，正是亟须人才的时候，为了中国之将来，你不能白白牺牲，请随我一同走吧。"

谭嗣同神情坚决，说："卓如①快走！大难当头，非同儿戏！**且各国变法，无不从流血而成。今我中国未闻有因变法而流血者，此国之所以不昌也。有之请自嗣同始！**卓如走后，但愿你矢忠不二，与海内外同胞前赴后继，共图国事，使我神州大地终能建成一自由幸福之新型立宪国家，则我谭嗣同虽肝脑涂地，亦将长笑于地下了！"

梁启超长叹一声，看谭嗣同心意已决，便不再相劝，与谭

---

① 卓如：梁启超的字。

嗣同挥泪告别，这是两人的最后一次相见商谈。

梁启超走后，谭嗣同并没有打算就这样束手就擒，他认为只有将光绪帝营救出来，才有继续变法维新的希望，便找来自己儿时的武术老师大刀王五，与他商议。此时的大刀王五在谭嗣同的带动之下，积极参与新政，对于变法维新是十分支持的，听谭嗣同这样一说，两人随即制定了营救行动。

他们商议由大刀王五集结江湖豪杰，一起前去皇宫救出光绪帝。与此同时，与各地豪杰联络，让他们派一支劲旅前来，待救出光绪帝之后，立即在京城内夺取步兵衙门，并以光绪帝之名劝阻八旗将士。

计划已定，大刀王五带着几个武艺高强的镖师前去营救光绪帝。虽然武艺高强，但由于时间紧迫，未做周全的准备安排，面对高高的宫门城墙，还有无数的关卡、禁卫，这些英雄好汉还未能进入大前门，就死伤得只剩下了大刀王五一人。

大刀王五并没有放弃计划，而是悄悄地在宫里躲了起来，待夜深人静的时候才摸黑出来，翻墙越池，向紫禁城的中南海进发。就在这关键的时刻，大刀王五一摸身上，刚刚还在的地图却不见了，面对偌大的皇宫，这下可没了办法。正在他焦急之时，皇宫的另一边却又出了差错。

在宫内负责接应的是几个太监，他们伴随光绪帝长大，忠心耿耿。他们等在宫中，见营救的人迟迟不来，便沉不住气了，悄悄将光绪帝叫醒，要偷偷帮助光绪帝逃出宫外，可是哪有这么容易。宫门外都是慈禧太后的耳目，见光绪帝想要趁夜黑逃亡，便立即将他们抓了回来。因为担心还有其他人来接应，便让侍卫打起灯笼，在紫禁城内搜捕。

大刀王五见此状，知道事情已经败露了，以一己之力就算找到光绪帝，也难以救他出宫了，无奈之中逃出了皇宫。他羞愧地去见谭嗣同，想与他商议第二次的营救行动。

谭嗣同握着大刀王五的手，说："老英雄辛苦了，此事已经败露，再去营救，想必已经是回天乏力了。如今我已经人事尽了，心事已了，从此就没有任何牵挂了。老英雄和各位志士，再次感谢各位的舍身相助，大家就此散去吧。"

"事已至此，你就跟我一道离开北京吧，我愿单枪匹马千里相送，定保你安然无事，回到南方，重整旗鼓。"大刀王五激动地说。

谭嗣同回绝了大刀王五的好意，说："我心已定，不会再走了。老英雄快快离开这个是非之地吧，到南方去，如果能够碰见康有为、梁启超等人，请代我致意，希望他们勿忘初心，前赴后继，将变法维新之事继续下去，救国家于危难之中。"

此时的谭嗣同心意已决，愿为变法流血的第一人。

慷慨就义

慈禧太后发动政变之后，满朝文武跟维新运动稍有关系的都惴惴不安，担心会被牵连，遭致祸端，纷纷表示对维新之事嗤之以鼻，极力拥护慈禧太后的"训政"。

谭嗣同看着他们胆小懦弱的嘴脸，想起这些人之前为讨好皇帝而表现出对变法维新极为热心的样子，谭嗣同在心中暗暗冷笑，这些趋炎附势的奴才，为了自己的权势前途不择手段，今日中国要变法自强，首先就应该除掉这些谄媚小人。

在营救光绪帝行动失败之后，不出所料，慈禧太后接连发布上谕：张荫桓、徐致靖、杨深秀、杨锐、林旭、谭嗣同、刘光弟，均先行革职，交步军统领衙门，拿解刑部审讯。

对于这样的上谕，谭嗣同心里早就做好了准备，他知道这次难逃一死了，如果自己的鲜血能够唤醒更多的民众，激发他们的爱国之心，投入到救亡图存的运动中来，他愿意为变法流血，也算是死得其所了。

当下只有一事谭嗣同还放心不下，那就是他的父亲谭继洵，他怕自己的事情会牵连到父亲，虽然父亲一直不支持自己的变法维新，年幼时更是逼迫自己走科举之路，但谭嗣同深知父亲这样做也是为了他好，想到即将与父亲阴阳两隔，一阵伤感涌上心头。谭嗣同强忍着泪水，写了一封与父亲的决裂信，在信中痛斥父亲的守旧思想，表明父亲早就与自己毫无关系瓜葛。写完信，谭嗣同长舒了一口气，这是他此生能为父亲做的最后一件事了。

从知晓上谕之后，谭嗣同彻夜未眠，看着阳光洒满整个京城。突然远处传来一阵嘈杂的脚步声，谭嗣同知道抓他的人来」。谭嗣同走到穿衣镜前，整理了下自己的仪容，随手拿了几本书籍，准备在狱中阅读。等他收拾完毕，门外已经站满了军士，谭嗣同让他们不必费力，自己会跟随他们前去，便径直向门外走去。他知道，这次可能再也回不来了。

谭嗣同等人被逮捕后，便成了"官犯"，慈禧太后随即发布上谕，对几人严加审讯。在狱中，谭嗣同想到国家在这些腐朽无能的封建势力手中，岌岌可危，百姓在水深火热之中艰难度日，自己壮志未酬，既没能实现经国济世的理想，更无法救国家于危难之中，这一切都是因为可恶的封建势力，心情十分悲愤，拿起狱中供囚犯招供的毛笔，在狱壁之上奋笔疾书，写下了流传千古的《狱中题壁》：

望门投止思张俭，忍死须臾待杜根。

我自横刀向天笑，去留肝胆两昆仑。

此时慈禧太后政变的消息引起了国际上的注意，各国纷纷表示了对光绪帝和维新派的同情和支持，要求清政府释放光绪帝和相关人员，法国、日本、德国、意大利四国的公使还联合要求清政府对政变之事作出解释。

得知这个消息之后，慈禧太后暴跳如雷。一向对西方列强步步退让的慈禧太后，这次态度却十分的强硬，她想到就是在这些西方洋人的帮助之下，才让康有为、梁启超逃脱，如今还

谭嗣同立像

要支持维新派和变法运动，甚至在报章上对自己进行斥责，这让她极为恼火，这次她非要跟洋人较劲，铲除维新派。

但谭嗣同等人并未触犯王法，之前的变法维新运动更是在光绪帝的支持下进行的，而且都是朝廷命官，不是说杀就能杀的。狡猾阴险的慈禧太后示意刑部，这些人都是一些忤逆之人，他们既然要变祖宗之法，又何必跟他们讲什么祖宗法度，一概莫须有，不等秋后，明日就处以极刑，以免夜长梦多。

1898年9月28日，北京城上空阴云密布，似乎要压抑得整座城都喘不过气来。百姓听闻今天要处决维新变法的志士，他们知道这些维新志士是为自己而死，是为了救国家于危难之中而死，便早早地聚集在刑场菜市口广场周围和囚车经过的地方，不到中午，就聚集了近万人，来送这些维新志士最后一程。

午时三刻，六辆刑车在重兵押解之下，缓缓向刑场驶去，谭嗣同昂着头颅，环视四周围观的群众，望着远处的刽子手和他们手中闪着寒光的钢刀，没有丝毫的怯意，他仰天大笑，喊道："有心杀贼，无力回天，死得其所，快哉！快哉！"

时年34岁的谭嗣同为变法维新付出了宝贵的生命，用自己的热血唤醒了更多的民众参与到救亡图存的运动中来，虽然生时未能实现救国家于危难之中的志向，却为爱国救国之志付出了自己的全部。

这就是中国为变法流血的第一人——谭嗣同。

后记

　　谭嗣同，一个出生在封建官僚家庭的孩子，生逢乱世，外辱入侵，国家动荡，他自幼就立下了经国济世的人生理想抱负；年少苦读，博览群书，想要从中探求爱国救国的道路和方法；青年时期在大漠中磨砺，形成刚强坚毅的性格，任侠的思想让他迫不及待地要去救国救民。

　　他远赴新疆，辅佐刘锦棠治理新疆，却因刘锦棠辞官而告一段落。为了能够实现自己经国济世的人生理想，他感到要拥有实权，才能将自己的经国济世的措施实施，他逼迫自己多次参加十分厌恶的科举考试，却多次落榜，但他并没有一蹶不振。

　　中国甲午战败，他愤作《治言》，阐发自己经国济世的迫切之情和具体措施，其中包含着浓厚的爱国主义之情。公车上书之后，他颇受启发，与康、梁结交，加入强学会，议论天下时事，他开始走上变法维新的救国道路。

候补官员期间，他不断宣传维新运动，来往于南京上海之间，积极参与维新运动，并潜心作《仁学》一书，要破除三纲五常的禁锢，唤醒民众，进行变革，以此来强国富兵，抵御外辱。他投身湖南革新，改革时务学堂，培养新式人才，创办南学会，集结爱国志士，大力推进民族资本主义的发展，使湖南风气大变。

他投身维新变法，献计献策，面对封建守旧势力的威胁，没有丝毫的胆怯，为变法维新之事竭心尽力。慈禧太后发动政变之后，他决意不走，为变法流血，不避死难，从容赴死，用自己的鲜血唤醒更多的爱国志士，投身于救亡图存的运动中去。

谭嗣同一生都在寻找救国之路，为爱国救国之志鞠躬尽瘁死而后已，在国家危难之时挺身而出，不顾个人的得失与生死，终其一生都在为救亡图存而奋斗，最终用自己的鲜血书写了爱国救国可歌可泣的诗篇，成为变法流血第一人。

纵观近代爱国志士，他们有的直接与西方列强战于沙场，为国家、民众献出自己的生命；有的投身于国家的改革与革命；有的人推崇洋务运动的"中学为体，西学为用"，通过学习西方的科学技术实现富国强国的目标；有的主张君主立宪制，自上而下地进行变法革新，建立新国，抵御外辱；有的人主张进行革命，将封建势力连根拔起，消除封建残余。

这些爱国志士的主张和观念在谭嗣同的身上都有体现。他幻想自己能够驰骋沙场，后作《仁学》，其中的观念还在"中学为体，西学为用"的樊笼之中，深入接触西学之后，投身于维新运动，在其中又属于较为激进的一员，提倡民权与平等。谭嗣同身上的这些兼容和改变，说明他一直在苦苦寻找强国救国的道路，一直走在同时代爱国志士的前列，其中不难看出他浓厚的爱国之情。

谭嗣同以一颗爱国之心，为了救亡图存，唤醒民众，不避死难，愿为变法流血第一人。正是这浓厚的爱国之情，让他彪炳史册，至今仍被人们所缅怀。

这正是此次编写此书的原因和目的所在。在编写的过程中感谢王建华老师的《谭嗣同传》一书，还有王儒年老师的《大家精要·谭嗣同》一书，两位老师对谭嗣同的生平事迹作了全面详实的展现，或注重生平细节，或注重思想内质，从内到外地展现了一个真实全面的谭嗣同。在编写此书的过程中，我从中受益良多，对此深表谢意。

谭嗣同年谱

1865年　出生

3月10日，谭嗣同出生于北京宣武城南懒眠（烂面）胡同，因他与父亲是同一属相，因此家人为他取名为嗣同。谭家祖籍湖南浏阳，父亲谭继洵，母亲徐五缘。

1874年　10岁

谭嗣同跟随"浏阳三先生"之一的欧阳中鹄读书。

1877年　13岁

父亲谭继洵升任甘肃巩秦阶道，谭嗣同随父亲一同从湖南迁往甘肃。

1879年　15岁

秋天，谭嗣同在父亲的安排下，独自一人从甘肃兰州回到湖南浏阳，跟随涂启先钻研中国古代文化典籍。

1884年　20岁

谭嗣同离家，游历直隶（今河北）、甘肃、新疆、陕西、河南、湖北、江西、江苏、安徽、浙江、山东、山西等省，观察风土，结交名士，开阔了视野。

1885年　21岁

谭嗣同从甘肃赶赴湖南参加科举考试，落第后又回到了甘肃，继续苦读各种书籍，逼迫自己研习自己所厌恶的八股文章，为下一次科举考试做准备。

1888年　24岁

他在著名学者刘人熙的指导下开始认真研究王夫之等人的著作，汲取其中的民主性精华和唯物色彩的思想，同时又广为搜罗和阅读当时介绍西方科学、史地、政治的书籍，丰富自己。

谭嗣同再次前往湖南参加科举考试，再次落第。

听闻《中法新约》的签订，谭嗣同写下了自己的救世主张《治言》一文。

1889年　25岁

谭嗣同赴京赶考，再次落榜。

1895年　31岁

甲午战败和《马关条约》的签订，焦灼着谭嗣同的心，在变法思潮的影响下，他开始精研挽救民族危亡的根本大计。

1896年　32岁

谭嗣同北游访学，对资本主义生产方式和自然科学发生兴趣。在访学中，还遍交维新之士，结识了梁启超，并进一步了解到康有为的维新思想观点。

1897年　33岁

谭嗣同在浏阳兴办算学馆，教授新学，在长沙兴办实务学堂，编辑《湘学报》，宣传变法维新。

夏秋间，写成重要著作《仁学》，它是维新派的第一部哲学著作。

谭嗣同与梁启超、康广仁等筹划在上海成立不缠足会，倡导妇女解放，推进维新变法。

1898年　34岁

年初，谭嗣同接受了倾向维新的湖南巡抚陈宝箴的邀请，回到湖南协助举办新政。他首先加强了时务学堂中维新派力量，使时务学堂真正成了培养维新志士的机构。他还与唐才常创办南学会、《湘报》等，又倡导开矿山、修铁路，实行实业救国。

6月11日，《明定国是诏》颁布。不久后，谭嗣同抵达北京，得光绪皇帝召见，被授予四品卿衔，参预新政。

9月21日，慈禧太后发动政变，捉拿维新派。他听到政变消息后并不惊慌，置自己的安危于不顾，多方活动，筹谋营救光绪帝，但均失败。在这种情况下，他决心以死来殉变法事业，用自己的牺牲去向封建顽固势力作最后一次反抗。

9月24日，谭嗣同在浏阳会馆被捕。在狱中，他写下了："望门投止思张俭，忍死须臾待杜根。我自横刀向天笑，去留肝胆两昆仑。"

9月28日，他与其他五位维新志士林旭、杨深秀、刘光第、杨锐、康广仁，英勇就义于北京宣武门外菜市口。他神色不变，临终时还大声说："有心杀贼，无力回天，死得其所，快哉！快哉！"